# 症例でたどる 子どもの心理療法

## 情緒的通いあいを求めて

森さち子［著］

金剛出版

絵36，37（第5章，114頁）

絵38，39（第5章，114頁）

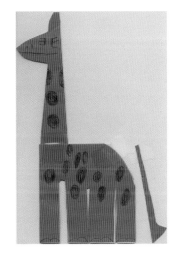

絵57（第6章，145頁）

けいは カモメ の ゆうびんや さん と 言ってます.

←お手紙

絵40（第5章115頁）

絵42（第5章，116頁）

絵44（第5章，116頁）

絵45（第5章119頁）

絵46（第5章119頁）

絵47（第5章119頁）

絵48（第5章119頁）

絵51（第5章，129頁）

絵53（第5章，131頁）

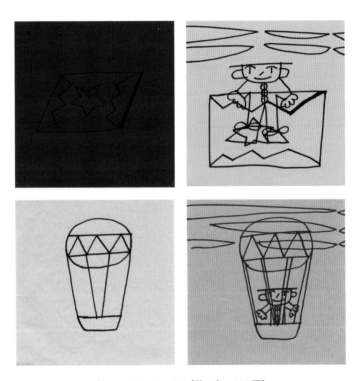

絵67，68，69，70（第6章，159頁）

絵71（第6章160頁）

絵72（第6章162頁）

絵73（第6章163頁）

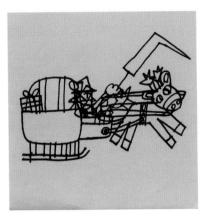

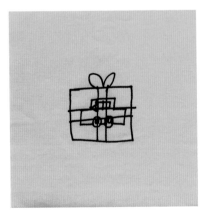

絵74，75，76，77，78
（終章174頁）

# 序

　心理療法家（セラピスト）は，“臨床の対象”となる子どもと初めて出会うとき，どんなことを考え，どんなことを感じるのでしょう……。

　まず，そこから書き留めていきたいと思います。

　「子ども」という言葉は，一般的には3〜4歳から11〜12歳くらいまでを指すでしょう。その年齢にある子どもは，困っていることについて，たとえそれを自覚していたとしても，自分から心理療法を求めて自発的に相談機関を訪れることは，ほとんどありません。ですからクライアントが子どもの場合は，たいてい，初めはご両親など大人に連れてきてもらう形で出会うことになります。

　けれども，たとえ受け身的に連れて来られる形で出会うことになったとしても，一対一で向かい合う心理療法の関係が生まれたら，その子どもは，とても大きな存在感をもって私の心に迫ってきます。その子どもの年齢や体がどんなに自分より小さかったとしても，目の前にいる対象が一人の「子ども」であるという意識は，私の中で急速に薄れていきます。人と人が向かい合い，同じ空間を共にするということは，たとえ，言葉によるコミュニケーションが成立していなくても，すでに言語的交流以外のさまざまな見えない交流が始まっている関係性です。ですから，クライアントが子どもであるか，大人であるかということは，セラピストとして出会う私にとって，さして違いがなくなるのです。

　また，その子どもとの間で関係性を築くにあたって，言葉による交流に頼れなければ頼れないほど，治療者である私は統合失調症水準の大人のクライアントに出会う時と共通した緊張，不安を感じます。はたして，ちゃんと出会うことができるだろうか，一瞬でも心の通いあいを体験できるだろうかという不安がよぎります。言葉による表現力を十分にもたない子どもや統合失調症のクライアントとの間では，まず，言葉以前の五感を通して感じられる交流がとても大きな意味をもってくる気がしています。

　もちろん，言葉を巧みに用いる子どもにおいても，神経症水準の大人におい

ても，言葉では表現しきれないものが，言葉以外のさまざまなチャンネルを通して表出されています。一見，言葉によるやりとりがスムーズであるように見えても，実は体験と言葉の間には大きな溝や隔たりがあるということはたくさんあります。その意味では，言葉を介した交流以外のかかわりあいにセラピストがどのくらい開かれているかということは，どの年齢，どの病態に限らず，とても重要なことだと思います。

　ただし，自分のさまざまな体験を象徴的な言葉にして表現することが困難なクライアントは，ごく繊細な無数の体験そのものが意味をもつ世界の住人だと思うのです。そうしたクライアントと時と空間を共にするとき，言葉に頼ることができない分，こちらのあらゆる感覚を研ぎ澄ませて静かに存在し続けることの大切さをとても実感します。その状態に自分の心身を置く際に，最初は心の緊張を感じます。そうしてクライアントのしぐさや声のトーンに細やかに触れながら，やがてそのクライアントが醸し出す全体の雰囲気に慣れ親しんでいきます。もしかしたらクライアントもセラピストに対して，同じように体験しているかもしれません。そのような中で，クライアントのいつもと違う動作や，クライアントから思いがけなく発せられた言葉に，私自身はっとすることがあります。そのなんらかの動作に託された心の動きに，あるいは限られた言葉に凝縮された情動の表出に，ものすごいインパクトを受けます。その瞬間，クライアントとセラピストの間で，今まで現れることのなかった情動体験が新たに生まれているのでしょう。

　そのような積み重ねの中でセラピストとクライアントの関係性が深まっていく体験を，私は自閉症と診断されていた“けい君”との間で実感しました。

＊

　本書で，詳しくたどるけい君とセラピストのかかわりあいは，そのような言葉を介して表現しあう交流以前の世界が大きな主題になっています。私の心理療法的かかわりの基盤は，精神分析的な観点を拠り所としています。精神分析では，本来，言葉による交流がもっとも本質的なものとされてきましたが，現代では早期の母子交流に焦点をあてたミクロな観察に基づいた実証研究から，言葉を介した交流以前の母子のインタラクションに，新たな光があてられています。そしてその言葉になる以前の，あるいは言葉を越えて言葉以外に伝わりあう母子の繊細な情動交流のありかたが，クライアント・セラピスト関係に

おける情動の相互作用の理解にも敷衍されています。そこから新たな視点を得て，現在，心理療法における治療機序についてのとらえかたにも，ある意味で大きな変化が生まれつつあります。たとえば，言葉による解釈がクライアントに洞察をもたらすのか，それともそれ以外の，"言葉にしがたい何か"が治療的変化をもたらすのかをめぐる議論が活発に行われています。その展開の中で，これまで語られることのなかった治療関係を動かす情動交流，その動きや質，そしてその響きあいやずれなど，相互作用の微細な現象についての理解がさらに深まってきています。

　そうした精神分析における現代的な動向に身をおきながら臨床を営む中で，日々学び考えていることを，このたび，けい君との交流のプロセスをふり返りながら，"子どもの心理療法"について，このような形で自由に語る機会をもちました。

*

　ここにたどるけい君との交流の経過は，あくまでも，「二人が経験したと思っている」私の主観的な理解に基づいています。心理療法の中で生起した現象はできるだけそのまま記載しようと努めましたが……1回50分のセッションのどの現象をすくい取っているか，またそのことについての理解や感じたことをどのように語るか……そのすべてに，すでに私の主観，とらえ方が否応なく入り込んでいます。その語り手は，あくまでもけい君の傍らで感じ続けた，セラピストとしての主観的な体験を積み重ねた「私」であるということを理解していただいて，読み進めていただきたいと願っています。

　私たちは人とのかかわりあいの体験について主観的なとらえ方に基づいて語ることしかできません。セラピストはそれが主観的なものであると知りつつ，その主観的な体験を語ることでしか，心理療法の過程を第三者に伝えることができないのです。

　"そのクライアント"と"そのセラピスト"であるからこそ，"その二人"の間にかけがえのない一つの展開が生まれる，そして，その現象をめぐる自分の理解をセラピストは繰り返し言葉にしていく，その作業の積み重ねが新たな気づきをもたらす……この臨床過程は，まさに心理療法の限界であり，また醍醐味でもあるのです。

　本書において私は，"心理療法の過程を言葉にする"ことをめぐる難しさを感じながら，一つの症例をセラピストの立場からできるだけ丹念に綴るように心がけました。けい君とのかかわりあいの経過を中心に置き，その臨床的な理解をどんな風に深めていったかという臨床過程をできるだけ詳細に述べていきたいと思います。

　また，その理解を深めるプロセスの一つとして，私が日頃心がけている臨床の営み方に関しても，この本の中に織り込んでいくことにしました。それは具体的には，クライアントとセラピストの二者関係に没頭しながら，一方ではその二者関係を開いていく試みです。クライアントとセラピストの間に何が起こっているかという理解がひとりよがりにならないように，信頼できる専門家との間で，私はできるだけ症例検討の場をもつことにしています。この症例についても，そのような機会をもつことができました。そしてその症例検討の場で得た理解がその後の心理療法の経過にどのように生かされるかということを鮮明に表現したいと思い，ご了承を得てとりわけ印象深かったお二人の精神分析家，丸田俊彦先生と妙木浩之先生の見解とそれに対するセラピストとしての理解も合わせて記述することにしました。

　本書を読まれる方には以上の観点を共有していただき，できる限り想像力を働かせて，もしその時こんな風に理解し受けとめたら，その後どんな風に展開していく可能性があっただろうかということを，常に念頭に置いて読み進めていただきたいと思っています。そして，症例をめぐるディスカッションが本書の中だけにおさまらず，臨床的な理解を深め合える機会が今後さらに開かれることを心から望んでいます。

# 目　次

## 子どものセラピーのキーポイント

新版
症例でたどる
子どもの心理療法
情緒的通いあいを求めて

# 序章

# 出会いまで
## 子どもを迎える準備

## 紹　　介

　7歳の男の子，けい君の診察後に，精神科医であるけい君の主治医が，「心理療法に導入することは，かなり難しい自閉症のお子さんですが，一度会ってみていただけますか」と，私に声をかけられた。以前にもその先生から，やはりほとんど同じ言い回しで，自閉症と診断された，モト君（本書の補論Ⅱのケース）を紹介された。モト君は，なんとか心理療法につながり，その数年後には当初は難しいと思われた情緒的な交流がもてるようになった。そのような背景を踏まえて，先生は私に，けい君を紹介されたのである。ただし，モト君の場合は，外界とかかわらずに，むしろひきこもっていたので，激しい情動や行動によって心理療法の枠からはみでることはなかった。ある意味ではおとなしく周囲に迷惑をかけないお子さんだった。一方，けい君は激しいパニック様の騒ぎを起こす面があるために，主治医の先生は面接室にはおさまらないだろうと危惧し「心理療法は，物理的にも無理」と半ば思っておられた。

### 子どものセラピーのキーポイント

#### 会う前から始まっているクライアントとの関係

　クライアントとの関係は，実は直接会う前から，そのクライアントの話をもちかけられた時点で，セラピストの心の中ですでに始まっている。しばしば，新しいクライアントとの出会いをめぐって，セラピストが身ごもるとか，自分の子どもをもつという比喩が用いられる。セラピストがまだ

会ったことのないそのクライアントに対して，"あるイメージを抱く"その時点で，セラピストは心の中にそのクライアントを宿したことになる。

そして，紹介者によって語られたクライアントに対する最初のイメージは，その後のセラピーの経過に陰に陽に影響を与える。そうであるからこそ，最初に紹介を受けて，その後どのような経路を経て，クライアントとの出会いが実現するかということについて，セラピストは意識にのぼらせておくことが求められる。出会う以前にセラピストに抱かれた"想像上のクライアント"は，潜在的に，さまざまな意味をすでに孕んでいるのである。

とりわけ，紹介者を介して出会いの場がもたらされる場合，その紹介者がセラピストとどのような関係性にある人か，またセラピストと紹介者のその関係性の質も，クライアントのイメージに反映される可能性が大きい。

## 安心して出会える心理的環境

けい君の場合は，長年にわたって臨床場面をともにしている信頼ある精神科の先生からの紹介だった。そのことは，私の"前もって"の心の準備に大きな影響を与えた。つまり，私の臨床感覚を熟知した上での紹介であること，それに加えて，それまでのおおよそのケースがそうであったように，このケースに関しても，もし心理療法に導入されるとしたら，その先生が主治医としての機能と家族全体の調整をはかる機能を担ってくださることが前提の紹介であることがわかっていたからである。そうした安心感の中でまだ会ったことのないけい君に，ぜひ会ってみたいという気持ちがまず自然に湧いた。そして，こうした全体の状況は"たいへんなお子さんのようだけれど不安に圧倒されずに迎えられそうだ"という安定感を私にもたらした。その安定感の背景には，"どうしても引き受けざるを得ないケースではない"という情緒的なゆとりもあった。そのように押しつけられるような形での紹介ではなかった。つまり一度会ってみて，無理であれば引くこともできるという情緒的な猶予があった。

このように，能力以上のことを引き受けなくてもよいという逃げ場も与えられての紹介であったので，肩に力を入れないでけい君との"出会いの準備"に向かうことができた。

## 前もって得られた情報

　主治医は第1回の診察時に，保護者として付き添ってきたけい君の父と祖母から，以下のような情報を得た。

　現在7歳のけい君は，すでに3〜4歳の時に，3人の児童精神科医から自閉症と診断されていた。一方，けい君の家庭環境は，破綻していた。3歳の時に父母が離婚した際に，母親がけい君を一応引き取ったが，母の仕事がない週末以外は施設暮らしだった。そして6歳の時に母が突然病死した。しかしけい君は何も知らされず，施設に預けられたままになっていた。母が亡くなる前から，最後の施設に落ち着くまでの間に，いくつかの施設を転々としていたことが後にわかった。また，けい君は施設の中では，周囲の誰とも情緒的な絆をもたず，まったく孤立して暮らしていた。

　けい君の父親は，日々自分の身を危険に晒すような職業（オートバイレーサー）で，もともと情緒的な人間関係が希薄なパーソナリティ傾向をもっており，離婚した妻や子どものことについて関心をもっていなかった。そのような状況の中でやがて，母親が亡くなったこと，引き取り手が見つからないけい君が施設にあずけられっぱなしになっている事実を父方の祖父母が知って，けい君に会いに施設を訪れた。

　祖父母がけい君に最後に会ったのは，けい君が2歳の頃であった。自閉症と診断されたのはその後のことであり，そのことを祖父母はまったく知らなかったので，4年ぶりに再会したけい君の発達の遅れに非常に驚いた。そこで，専門家の指示を求めて精神科医を訪れたのであった。

　主治医によれば，初診時，父と祖母と一緒に来談したけい君は，かなり落ち着きなく動き回り，奇声を発していたという。その状況の中で描かれたのが〈絵1，2〉である。その絵は，まとまりを見いだせない，けい君の心理状態をあらわしているように見えた。

### 子どものセラピーのキーポイント

#### 情報を得る

　とくに幼い子どもの場合，どうして自分が専門家のところに連れてこられることになったかという経緯を把握することは難しいし，自分の生育歴について語ることはできない。まして自閉症と診断された子どもであれば，

絵1

絵2

コミュニケーションをもつこと自体困難なので，その子どもの発達状況，現在の状態，そして家族状況を含めて，子どもを取り巻く環境などについて，保護者からできるだけ情報を得ておきたい。後から述べるようにそれは，子どもを初めて迎えるにあたって，その子どものテーマに応じてどんな風にセラピールームを整え，そこに何を備えるかという実際の準備の役に立つ。それとともに，おおよその情報をあらかじめ知っていると，セラピストにある程度の心の準備ができる。それは初めて子どもに接する際のセラピストの内的な安定感につながる。

　ただし，実際に子どもと出会っていったん交流が始まったら，むしろそれまでに大人たちから得た客観的な情報にとらわれることなく，その瞬間，瞬間の子どもの心に虚心坦懐にかかわりたい。そもそも目の前に存在する子どもに集中すると，そうした情報はおのずと背景に退いていくかもしれないし，子どもが展開するさまざまな動きとそれらのいろいろな情報がセラピストの心の中でマッチするかもしれない。

　いずれにしても，大人の目から見た，前もって得られた情報が子どもとかかわるセラピスト側の先入観とならないように配慮したい。それらの情報がセラピストと子どものかかわりあいを妨害するものとならずに，子どもの理解を深めることに有効に用いられるようにしたい。

　その際，こんなイメージが私の中にある。セラピストの目，あるいは心に映る子どもの姿を"図"とすれば，普段はその"図"にかかわっている。しかしその子どもにまつわるさまざまな背景，つまり"地"が，生き生きと全景に現れる瞬間がある。そしてその時，同時に"図"としての子どもの言葉，動きが新たな意味をもって再び浮かび上がってくる。それは，子どもの言動と，それが生まれる背景にあるいろいろな事象が，セラピストの中で力動的につながって理解される瞬間だと思う。

## クライアントを迎える準備

　けい君とは，1回きりの面談になるのか，あるいは数回会って，アセスメントを行った上で心理療法に入る，入らないを考えることになるのか，まずは1回会ってみてからということになっていた。きっとどんなセラピストも，"会う"ということを決めた場合，継続的な心理療法に入っていくことをまず念頭

におくであろう。私も，その心づもりで，けい君に会う準備に入った。

　準備とは，心の準備とセラピールームの準備，その両方を含む。まだ会ったことのないけい君との交流を想像しながら，けい君が安心して過ごせるようにセラピールームを整えるプロセスは，けい君を迎えるセラピスト自身の心の準備のプロセスと重なる。

　後で具体的に述べるように（セラピールームに備える遊具・道具：21〜27頁参照），私はまず，どんな子どもの心理療法においても基本的に用意するものをけい君と会うことになっているセラピールームに備えることにした。

　それから主治医から得た情報に基づいて，言葉による交流ができないけい君が言葉を用いなくても，その心の世界をできるだけ表現できるようにと，お絵かきのセットを充実させることにして，とりわけ画用紙を通常よりもたくさん用意した。

## 子どものセラピーのキーポイント

### 児童分析をめぐる大論争

　ここで，子どもの心理療法における精神分析の基本的な観点を確認する上で，児童分析をめぐる歴史的大論争の要点を取り上げておきたい。

　ジグムント・フロイト（S. Freud）の娘アンナ・フロイト（A. Freud）とメラニー・クライン（M. Klein）による，児童分析に関する精神分析史上に残る大論争は，1920年代にはじまり，1940年代にはピークに達した。両者の共通点は，十分な言語表現能力をもたない子どもに対してプレイを用いることであった。

　しかし，子どもであることを配慮し教育的にかかわるA. フロイトと，大人に対するのとかわらない観点で子どもにかかわるクライン，この二人の児童分析家の間には，実際のかかわり方に大きな違いがあった[注1]。

　A. フロイトとクラインの論争点を5つに分けて，以下にその要約をまとめる。（参考文献1，2）

## 1）対象

A.フロイトは，児童が分析の対象となるのは，**超自我**，つまり罪悪感や良心が内在化される5〜6歳からと唱えていたが，他方，クラインは超自我はもっと早期に形成されると考え，2〜3歳の小さな子どもにも分析を行うことが可能であるとした。

## 2）導入法

A.フロイトは，子どもの治療は自分の意志ではなく大人たちに連れて来られる形で始まるので，治療者がその子どもとの間に情緒的によい関係をつくり出す「準備期」が必要であると主張した。実際にはその子どもにとって，治療者が興味のある，役に立つ存在であることを能動的に示し，そこで築かれた陽性の関係性に基づいて治療を進めていく。

一方，クラインは，そのような「準備期」を必要としないと主張した。子どもは初期から，治療者の**解釈**に対して活発に応答するので，子どもの不安を積極的に直接的に解釈することによって，その不安そのものを軽減することが，子どもの治療への動機づけを高めると考えたからである。

## 3）治療態度・技法

A.フロイトは，陽性の関係性を維持する上で，治療者の能動性を重視するとともに，解釈に耐えられるだけの自我の力を持たない子どもに大人の自由連想をそのまま適応することはできないとして，教育的にかかわる技法の修正をはかった。

---

[注1] その背景に，エディプス・コンプレックスと超自我をめぐる理論的な立脚点の相違がある。A.フロイトが，S.フロイトに従いエディプス・コンプレックスとその解消の結果として，超自我が形成される時期を5〜6歳と考えていたのに対し，クラインはそれらの出現はより早期に認められるとした。クラインは，エディプス・コンプレックスを2歳の子どもに見いだし，それは原始的な様相を呈しながらもすでに0歳から始まっていること，また超自我についても，より原始的で迫害的な形で，やはり同じ頃に認められると主張した。

なお，S.フロイトの提唱した「エディプス・コンプレックス」とは，異性の親への愛着と愛情，それを妨げる同性の親への敵意と亡き者にしたい願望，しかしその願望をもつことによって処罰されるのではないかという不安や恐怖の3点から成る心的な布置を言う。また「超自我」とは，エディプス・コンプレックスの中で処罰する同性の親を内在化することによって形成される罪悪感，良心を言う。

一方クラインは，あくまでも受け身性を基本的な態度とし，そこで子どもの中に生じる治療者への抵抗やネガティブなファンタジー（つまり**陰性転移**）や，無意識的不安を言葉によって解釈することが重要であるとした。

### 4）プレイ，および転移[注2] のとらえかた

A.フロイトは，子どもはいまだ両親への現実的な依存関係の中に生活しており，実際に，情緒的にも両親の強い影響下にあるために，治療者に純粋な形で**転移**を起こすことはないと考えた。その観点から，**プレイ**に関しても，それを転移の現れととらえずに，コミュニケーションの媒体であるととらえた。

それに反して，クラインは子どもが表すプレイには，内的な幻想が投影されており，プレイには象徴的な意味があるとした。また子どもの治療者への態度に，内的な対象が表れているととらえた。そしてそれらを転移として理解し，まさにその転移を分析することが，大人の分析と同様に児童分析においても，本来の目的であるとした。

### 5）家族の治療参加

A.フロイトは，現実の両親と子どもとの関係に注目して，積極的な治療参加を両親にも求めた。実際には両親に対する治療を行うのではなく，実生活の中で子どもにかかわる両親の役割をサポートし，養育環境を整えるという目的に基づいて，**母親面接**，ないし**父母面接**を設定する。しかも，養育者への面接が子どもの面接と並行して行われるので，子どもの治療への両親の理解も深まり，その結果児童分析が守られ，支えられることにもなる。

一方，クラインは子どもの問題は，精神内界の両親像にあるので，現実の両親に治療者がかかわることを重視しない。

---

[注2] 転移とは，過去の重要な人物（たとえば幼児期における父親や母親）との間で体験したクライアントの態度，感情，考えが，現在のセラピスト・クライアント関係の中で不適切，不合理な形で再現される現象をいう。転移には，愛情ある陽性転移と憎しみからなる陰性転移がある。また，セラピストに向けられた態度，感情，考えにかつての依存対象である父，あるいは母との関係性が再現されている場合，父親転移，あるいは母親転移が生じているという。

これらの論争は，彼女らの弟子たちを巻き込み40年間にわたって活発に行われた。そして，その論争の中でしだいに互いの批判を受けとめあいながら，少しずつ修正がなされていった。そのプロセスにおいて，A.フロイトは子どもに転移が起こることを認め，クラインは現実的な母親の役割，養育環境を重視するという歩み寄りに至った。

　以上のような論争を踏まえ，精神分析的な観点に基づいて，先へ進めていきたい。

## 子どものセラピーのキーポイント

### プレイの位置づけと意味づけ

　言うまでもなく，どのような心理療法をセラピストがイメージしているかということが，そのセラピーの空間に反映される。言い換えれば，心理療法においてセラピストがプレイをどう位置づけているか，またプレイにどのような意味を見いだしているかによって，セラピールームはそれに適った形でつくられていく。そしてその中で展開するインターラクションやプレイは日常性から離れたある特有の意味を帯びてくる。

　遊びを中心とした心理療法，プレイセラピーというと，一般的には一緒に楽しくプレイするイメージがあるかもしれない。実際にプレイを通して，抑圧，抑制された情動の解放・満足がもたらされることを主な目的とする心理療法もある。時には大きな運動的な遊びをする中で，心の内に込められていた怒りや鬱憤を発散できるようにと，セラピストも積極的に一緒に動き回るかかわりもあるかもしれない。

　しかし，先に概観したように，精神分析的な観点に立って行われる心理療法は，プレイをコミュニケーションの媒介に用いるとともに，プレイを心の象徴的なあらわれとして理解する。ここに力点を置くところが，精神分析的な子どもの心理療法が他のアプローチと明確に違う点である。

　"プレイ"は，子どもとセラピストの関係性において，言葉では表せない情動の交流，情緒の共有の媒体として柔軟に機能する。ゆくゆくは，セラピストとの間で子どもが自分の空想や葛藤について言葉にして語り，それ

に伴う情緒を共にすることを目指すが，まずは，プレイによる表現が豊かに発揮されるような素地をその子どもとの間にどのように創りだしていけるかがテーマになる。それは，子どものプレイが安全な空間の中で展開していけるように，セラピストがその場を物理的にも心理的にも守ることから始まる。そしてその中で自由に展開されるプレイを投影・葛藤をめぐる象徴的な表現，ないしは空想の表現としてとらえ，そうした表現を介して，交流していく。

　さらに，子どもがセラピストとの間で表現するプレイの展開，流れを，大人が自由連想の中で心に思い浮かんだことを次々に話すのと同じような現象とみる。まず，何から取りかかり，次に何に関心が移り，どのくらいそのプレイに没頭するか，そしてそれはどのくらい長く続くか，またそのプレイにどんな内的な世界が託されているか，あるいはプレイから心の動き，気持ちがどんな風に伝わってくるか……など，そのプレイの変遷，継起，内容に注目することが，心の流れ，心のありように近づく一歩になる。

## 子どものセラピーのキーポイント

### 行動化を奨励しない，プレイ・情動交流を支えるお部屋づくり

　こうして精神分析的な観点に基づいてプレイを位置づけ，意味づけると，おのずから，プレイが行われる空間，セラピールームの特質，およびそこに備えておくものやおもちゃの大きさと種類などの選択が決まってくる。

### 1）適度な広さ

　ここでは，息が切れるほど追いかけっこしたり，競争して思い切り走り回ったり，取っ組み合いをするような運動能力を発揮することによって，情動が衝動的に解放されることを目的とせずに，精神内界が表現されるような場を設定することを大切にする。エネルギーを発散する場としてではなく，運動欲求を刺激しない程度の広すぎないセラピールームとしては，おおよそ6畳から8畳くらいの大きさが適当である。そして部屋の中に備えておくものは，できるだけシンプルなものにする。

## 2）椅子とテーブル

　まず必要なのは，子どものためのソファとセラピストのための椅子，そしてテーブルである。テーブルは子どもがフロアに座っても使いやすいような低めのものがよいと思う。子どものためのソファは，時にはねころがったり，体を伸ばしたりうずくまったり，子どもがそこで体をゆったりと自由に動かせるような"自分の居場所"として経験できるようなものを配慮し用意する。一方，セラピストの椅子は低めにして，座ったときの視線が子どもがソファで過ごしている時の目の高さに合うようにできると，セラピストも自然な姿勢，視線を保つことができる。

　また正面に座って子どもと向かい合う形ではなく，90度の角度になるように椅子を配置した方が，子どもは自分が見られているという緊張した感覚を緩めて，よりリラックスすることができる。またそれは，セラピストにとっても子どもに侵入的にならずに，全体を見守ることができる位置に座しながら，自分自身も楽に過ごせる位置づけである。

　それに加えて，90度で座ると，時には子どもが関心を持っているものにほぼ同じ方向で視線を向けることができて，**共同注視**（joint attention）も自然に生まれやすい。

　共同注視とは，二人が一緒に同じ対象に気持ちや関心を向けることを通して，その空間の中に"二人が共にあること"が感じられるような体験である（参考文献3, 4）。つまり，共同注視は二人が言葉を用いないで，お互いの気持ちの状態を共有するという情動交流の一つのありかたである。

　こうした"二人の距離"をめぐる子どもとの微妙なやりとりの中で，近すぎず，遠すぎない，その子どもも安心できるし，セラピストもその子どもの全体の姿がとらえられると同時にある程度心地よく過ごせる"ほどよい距離"を模索していく。その過程で，二人の間に落ち着いた空間がやがて創り出されていく。そのプロセスの中で，物理的な距離が調節されながら，それと並行して，一方で実は心の距離の調整も相互の間で行われているのである。

　なお，セラピストは50分間，ほとんどその椅子から立ち上がることはないので，セラピスト自身もゆったりと身をまかせられるような椅子を準備できるとよいと思う。

### 3）水道と砂場

　水道や砂場の設置については，セラピスト自身の許容度とその施設における全体の状況（空間的，時間的）を踏まえて考えたい。水や砂はゆるやかな心地よい感触を与え，誰の手にあっても自由自在である。水や乾いた砂のさらさらしてとりとめのない感じ，あるいは湿った砂のもつ，手応えのあるやわらかさなどの感覚刺激は，こわばった感覚を解放し，子どもの心身を和ませリラックスさせてくれる道具になるかもしれない。その自在さは，ある面では心の表現をより深めていく促進材となる。また，水や砂の流動性に触れる心地よい解放感は，その感覚への没頭を引き起こし，**退行**を深める。そのために現実に戻ることが困難にもなりやすい。

　ここでいう退行とは，快の感覚に浸ることが優勢となり，現実のルールを守る感覚が弱まる体験を意味する。たとえば，泥んこ遊びをしているうちに，その高揚感から，砂場などの限られた範囲ではおさまらなくなって，セラピールームの床全体が泥で汚れたり，水浸しになってしまうかもしれない。あるいは，決まった時間内に切り上げることが難しくなってしまうこともあるかもしれない。たっぷりした時間の中で泥んこ遊びを心ゆくまですることは，そのこと自体，ある面では治癒的に働くかもしれない。しかし，それはまた別の治療法であって，ここで目指すアプローチは感覚的な体験によって，情動を発散することではない。だからいっそう，どの程度，適度に水や砂を治療的に利用できるかということをあらかじめよく吟味しておくことが求められよう。まず第一に，次のクライアントを迎えるまでの間に，水や砂，あるいは泥で汚れた部屋を再びきれいに整える時間的余裕があるかということは，最小限に考えておかなければならない。それは，いつも同じ空間を準備してクライアントを迎えるという**セラピー空間**の恒常性を保つためである。第二に，感覚刺激によって退行した子どもをめぐって，セラピストがどの程度の退行ならば，受けとめられるかということも考えておく必要がある。子どもに砂をかけられたり，泥んこの手で服や体を触られても，気にならないセラピストもいれば，それに対して不快を感じるセラピストもいる。それがゆくゆくは，両者の関係性に陰を落とす可能性もある。その意味でも，セラピストが自身の感覚的な許容度はどのくらいかということを自覚しておくことは大切である。

　なお，お話をしたり絵を描くことなどの表現ができない子どもの場合に

は，その閉ざされた心に接近する一つのありかたとして，水や砂に触れることは大きな助けになるかもしれない。そのような状態の子どもにおいては，水や砂に触れることが，心身のこわばりを和らげ，さらにそれがさまざまな体験の表出につながるかもしれない。

　以上のことを細やかに考慮した上で，もしその施設の状況が許せば，セラピールームづくりの一つとして，水道や砂場の設置を視野に入れておくとよいと思う。

---

### 子どものセラピーのキーポイント

#### セラピールームに備える遊具・道具

　セラピールーム内に置かれる家具はもとより，遊具は，何かよほどのことがない限り，一定にしておくことが重要である。いつも部屋に入るたびに，あるはずのものがなかったり，しょっちゅう新しいものが加わるという設定ではなく，いつもかわらないという恒常性が，子どもの心に安定感をもたらす。

　基本的には，子どもが自由に安心して遊べるように，壊れにくい安全なものを用意することを心がける。また内的に漠然と感じているけれど，まだ実感として体験できないでいる感覚や情動を直截に単純な身体感覚に置き換えるような刺激を過度に与えないように，滑り台やトランポリンなど，体全体を使うようなものは用意しない。すべて，小さめのものを用意する。たとえば等身大のパンチ・キック人形や実物に近い大きさの刀，抱えられないほどの大きなゴム製のボールなどは，直接的で激しい身体的動きを誘うので，自分ではとらえがたいさまざまな情動をいっそう拡散したり発散する方向へプレイがいってしまう。できるだけ手のひらにおさまるぐらいの小さいものが望ましい。それらの遊具はその小ささ故に，内的な心の世界を映し出す，**投影**の対象となりやすい。

#### 1）家族人形

　具体的には，家族人形，そして人形用のハウスや家具（食卓や椅子，ベッドなど），動物や種々の乗り物も適度にそろえる。とくに家族人形はセラピーの対象となっている子どもの家族メンバーとぴったりの構成にしない

で，若干多めに加えた方が，子どもに選択の余地を残し，さまざまな投影の自由度が増す。それから，とりわけ家族人形の微細な変化に関して，子どもはとても敏感なので，できれば他の子どもとの共有という形ではない方がよい。その子専用の人形を用意できれば，子どもにとってもセラピストにとっても"他の子どもも使う"という制約から解放されて，より自由になれるからである。たとえば，人形の顔にペンでちょっとした手を加えるとか，セラピストに気づかれないように，次のセッションまで子どもの人形をソファの下に隠しておいたままにするとか，あるいは母親の人形をわざと見えなくして，どこかになくしてしまうとか，セラピストとお別れのときに赤ちゃん人形をそっとポケットに入れて帰るとか，ある人形にけがをさせて治療する（傷つけて修理する）など，いろいろなかかわり方がある。とくに，その子どもにとって思い入れのある家族人形に対して，特別にかかわる子どもが多い。したがって，個々のケースごとに，人形を使った連続性のあるプレイの展開を守るため，人形はその子ども専用にしておくことは意味がある。また，そうしておけばセラピストも他の子どもが使うことを考えて，はらはらすることもない。

## 2）時計とカレンダー

　大人の面接と同じように，子どもと会うときにも，"時"をめぐる体験の意味を大切にしたい。決まった曜日の決まった時間に会い続けるという一定のリズムの中で，面接時間の"はじめとおわり"をめぐる体験が積み重ねられていく。心理療法の過程で，その体験にしだいに重要な意味が付与されていく。分離と再会をめぐる時間感覚を共にすることそのものの体験に，実は治療的な意義がある。決まった時間に入室し，決まった時間に退室する，その"はじめとおわり"が決まっているからこそ，その一定の時間を共に過ごすことの意義，そして日常性とは異なる経験が浮かび上がってくる。もう少し固い言葉で表現すれば，そうした**時間的構造**をめぐって，セラピストとの間でさまざまな**"今，ここで**（here and now）"の情緒の体験を共有すること自体が治療機序にもつながるのである。

　まさに，そのような"時"の流れを目に見える形にかえる「時計」は，先ほど述べたような共同注視の対象にもなる。子どもは精神分析的な心理療法に特有の時間の過ごし方に慣れて，やがて治療の時間的構造の感覚を内

的に認識するようになる。すると，終わりの時間が近づくにつれて時計を
ちらちらと意識する。そうしたときに，終了時間の少し前からセラピスト
は，一緒に時計を見ながら「あと10分だね」とか「あと5分だね」と声を
かける。終わりに向けての共同注視に根ざしたそうしたやりとりは，ある
一定の時間が訪れるとそれがどんなに楽しいことであっても，たとえ絵が
途中までしか描けなかったとしても，今，二人が置かれているこの空間が
閉じられるという，現実の強烈な体験と結びつく。

　カレンダーは，次に会う日の確認や，前もってお休みの日を一緒に見ら
れる道具として，とても有用である。たとえば，1カ月先のお休みのセッ
ションに向けて心の準備ができるようにと，私はカレンダーを積極的に利
用している。それは，今日の面接は次にもつながるという**連続性**を伝える
ことが，とりわけ恒常性の感覚が不安定な子どもに安心感をもたらすと感
じているからである。その際できれば，その子ども専用のカレンダーがテー
ブルの上に置かれているのが望ましいと思う。カレンダーに，子ども自身
がいろいろ書き込むこともあるし，セラピストも他のクライアントのこと
を気にせずに，次に会う日付に○をつけてその子に見せることができるか
らである。

### 3）容れもの　専用ボックスとゴミ箱

　専用ボックスとは，セラピールームの中で創った作品やその子ども専用
のプレイの道具を入れておけるような，その子だけに属する**容れもの**のこ
とである。たとえば，家族人形や文房具一式など，一通りの基本的なセッ
トをそのボックスの中にいつも容れて，セラピーが始まる前にお部屋の中
に準備しておく。そしてセラピーが始まる一番最初の時に，「これは○○君
／○○ちゃんの容れもの」ということを説明する。さらにこの中にあるも
のはいつでも自由に使えること，それからここで描いた絵や創ったものは，
おうちに持ち帰らないで，みんなこの中に入れていくことになっているこ
と，今まで創ったものは全部この中に入っているから，見たいときにいつ
でも取り出して見ることができるということも伝える。このボックスを，
その子どもがどのように利用するかという，そのボックスとのかかわりの
変遷を追っていくことは，子どもの心の変遷と重なり合う。セラピールー

ムも体験を抱える“ある種の容れもの”であるが，その子ども専用のこの
“容れもの”は，実際に子どもが取り扱うことが可能であることから，もっ
と明瞭な意味をもった象徴的な体験の容れものになる。それはその子ども
自身の“体験の容量”を表しているように見える。またそれだけでなく，や
がてその中に作品がおさめられていくとき，“容れもの”は，その子どもが
感じている“セラピストの心のスペース”，その広さ，狭さを象徴的に表し
ているように感じられることもしばしばある。

　セラピストと一緒にいて，セラピストに見守られながら表現したものを
ボックスの中に容れて帰るということを子どもがどんな風に体験するか，
ケースバイケースでいろいろな想像を巡らしたい。たとえば，ある子ども
がものすごく恐ろしい人物像を描いたとする。それはこれまで直接，表に
表すことのできなかったその子どもの怒りの表れかもしれない。しかし，
それを絵を通して表現し，さらに次にセラピールームを訪れるまで，それ
をボックスの中に容れておけるということの体験の意味を考えたい。それ
まで受け入れがたかったそういう自分をも表現できるような体験の広がり，
深さをもてるようになったということかもしれない。そしてそれは象徴的
な意味で，もう一回り大きな心の容れものがその子どもにできたといえる
かもしれない。あるいはその子どもにとって，セラピールームの容れもの
の中におさめて帰るということは，セラピストがそういう自分をずっと抱
え続けてくれているという象徴的な体験を表しているかもしれない。

　いつも同じ容れものに容れて，いつでも自由にそれらを取り出して見ら
れるということによって，これまでの，そしてさらにこれからの作品を連
続性をもってながめることができる。それはまた，その容れものを通して，
セラピストと共同注視の体験を連続的にもてるということでもある。そし
て，そのプロセスを共にしていく二人の体験は，成長を大きく支える揺る
ぎない基盤になると思う。

　もし，その恐ろしい絵を家に持ち帰って，なんの心の準備もない両親の
目に触れたとしたら，そこで，たとえば，両親の顔に不安や驚きや不快感
を子どもが読み取ったとしたら，そのような表現をすることにブレーキが
かかってしまうかもしれない。あるいは両親がセラピーに対する，なんら
かの不安や怯えを感じたり，疑心，不快をあらわにするかもしれない。そ
して両親の中に意識的に，あるいは無意識的にセラピーの継続に対する抵

抗が生じるかもしれない。いずれにしても，セラピストと二人の間で体験していることが不用意に外に漏れることによって起こる，子どもの心に与える影響に注意を払わないと，それが子どもにとってさらなる心の傷をつくることになりかねない。

　セラピストとの間で体験したことを，日常とは離れたその“時と空間”の中におさめて帰るということは，ある種の儀式的な行為でもある。セラピー空間の中の，さらに“容れもの”の中に，自分の作品（心の体験）をおさめてふたを閉めて終わることの象徴的な意味は大きい。

　容れものとしてのゴミ箱も重要な存在価値がある。専用ボックスには愛着を感じる大事な作品を容れて，気に入らない失敗作をゴミ箱に捨てていく子どももいる。しかし，そのゴミ箱も，実はセラピールームの中にあるからこそ，捨てていけるのである。つまり良いものと悪いものの分別はしているが，専用ボックスでもゴミ箱でも，それはどちらにしても全部セラピールーム，つまりセラピストの心の中に置いていけることを意味している。

　また，私自身，ゴミ箱の重要性を実感したこんなケースがあった（209頁を参照されたい）。ある4歳の男の子は，セラピーの当初，不安の強い母親との関係の中で，自分の願望，欲求というものをもつことができないでいる子どもだった。セラピーが進むうちに，自分の欲求を少しずつ感じるようになったけれど，まだそうした感情を表すことに不安と怖れを抱いていた。その子どもが，ある時，大きな口を開けて，のどが渇いてジュースを「のみたーい‼」と叫んでいる自分の顔の絵を描いた。ところが，それを描くとすぐにゴミ箱に捨ててしまったのである。セラピストは，その子どもが母親との間で，母親の様子をしょっちゅううかがいながら，結局は自分の欲求を断念してしまう体験をセラピストとの間でも繰り返しているのだと思った。セラピストには，自由に欲求を出してもいいかなと，「のみたーい‼」と出してみたところが，やっぱりそんなものは受けとめてもらえないだろうし，そんなものを出したらいけないんだと，彼は再びそんな自分をひっこめてしまったのである。そういう感情そのものを悪いものとして，それを表出している自分の顔の絵をゴミ箱に投げ入れてしまったのである。そこでセラピストは，そういうものをもっと自由に表現していいんだよ，そういう○○君を受けとめるよという気持ちを，「先生，それも

らってもいいかな」というメッセージに託して伝えた。すると, その子は一瞬とても驚いた顔をしてから, とても嬉しそうな表情になって, 「先生, これもらってくれるの？」といそいそとゴミ箱から, いったんは捨ててしまったその顔の絵を拾いあげて, セラピストに手渡した。それ以後, ずっとその自画像は, ゴミ箱ではなく, 彼の専用ボックスにおさまっている。その後の経過を見ても, このときの交流は二人の間で貴重な意味をもった。(参考文献5, 6)

　このようにゴミ箱の方に, 実は本来の自分の姿を放り込んでしまうということもあるかもしれないし, あるいはセラピストへの信頼があれば, 専用ボックスの中にも受け入れがたいものをあずけていけるということもあるかもしれない。

　以上のように, それぞれの"容れもの"を子どもがそれぞれにどんな風に利用するのか, 細やかに見守り, 応答していきたい。

### 4）その他

　さらに, 以下のものも, その子ども専用のボックスの中にいつも同じように入れて, 子どもが使いたいときにいつでも自分で取り出せるようにしておけるとよいと思う。筆記用具, はさみ, セロテープ, のり, 画用紙, 粘土, 折り紙, 積み木, ブロックなど。それから, 後に詳しく述べるけい君との交流から学び, 私はこれらに加えて, 小さな鏡, 手鏡のようなものも, 用意している。

　なお, 勝敗を争うようなトランプやファミコンのようなゲームの類は用意しない。ここは勝ち負けを争う場ではなく, それらの道具を用いて心のままに表現してもらうことに重きを置くからである。ただし, 一律にどのクライアントにも, 「これらのものを」というのではなく, そのクライアントの年齢, 性別, 症状を考慮して, 道具を選定することが必要である。

## 遊具の選定

　遊具は，できるだけ単純で，丈夫で壊れにくいものがよい。たとえば，人形は布と針金でできていれば，放り投げても，まわしても簡単には壊れない。それにシンプルであればあるほど，修理も容易である。また人形の顔は，できるだけ表情が特定化できないようにしておく。それぞれの人形がさまざまな投影を引き受けやすいように，明らかに笑っている，怒っている，悲しんでいるという表情が読み取れないような，できるだけニュートラルな表情をしたものがよい。特定化した表情でない方が自由な表情をそこに見いだすことができるからである。

　なお，人形セットやさまざまな遊具，道具は，キャラクター商品を避けられればそれに越したことはない。広く行き渡って，身近にあふれているキャラクターであると，そのキャラクターのイメージが先行しやすい。そのキャラクターに対する固定したイメージがすでにできあがってしまっているので，一見馴染んでいて親しみやすさがあっても，それがかえって自由な投影を邪魔することになるからである。

　ここまでが，けい君を迎えるための準備をめぐる，子どもの心理療法の準備の一般的なお話である。けい君に会うまでに実に細かい配慮のもとに準備がなされることが伝わったことと思う。

# 第1章
# 心理的に安全な空間づくり
## 初回面接


　最初の主治医の診察から，1カ月後に，初めてけい君と会うことになった。私は，「序章　出会いまで──子どもを迎える準備」に，記したことを踏まえて，けい君を迎えるべく，セラピールームと自分の心を整えた。

　けい君と会うためにセットした部屋は，6畳足らずだが，明るい部屋である。
＊けい君の発した声，言葉は「　」，セラピストの言葉は［　］で，括って記載する。


| 第1回 |
| --- |

### 初対面

　けい君は，約束通りの時間に父と祖母とともに姿を見せた。体の発達は，年齢相応の7歳に達しているように見えない。一見したところ，3〜4歳ぐらいに見える小さくて華奢な体の男の子である。母を亡くして施設暮らしをしているにもかかわらず，ブランドものの洒落た洋服を身にまとっている。また全体に小綺麗で，そうした身なりがよく似合う顔立ちである。（後に祖母の説明でわかったのだが，けい君の母親は，生前，ブランドの洋服を買ってけい君に着せていたとのことであった。）

　けれども，その瞳には人と目を合わせようとする気持ちが読み取れない。けい君の視線は人の存在や動きにまったく左右されることはなく，ただひたすら正面しか見ていない。体をかがめて近づく主治医の声も，そしてセラピストのあいさつと自己紹介の声も耳に届かないようである。前方の開かれたドアの部屋（けい君のセラピールームとして用意した部屋）のテーブルの上の，お絵かきセットに目をとめると，けい君はまっしぐらにそこに進み，ソファとテーブ

ルの間のフロアに座って素早く黒いペンを手に取った。父親と祖母が隣の部屋で主治医の先生に会うこと，けい君はこの部屋で私と一緒に50分間過ごすこと，ここにあるものをなんでも使ってよいこと……など，セラピストは，けい君のそばに近づき中腰になって，けい君の目の高さに自分の目の高さを合わせて語りかけた。けい君はセラピストに注意をはらわず，奇妙に音を伸ばすような声を発しながらお絵かきを始めた。その奇妙な発声を書き言葉に変換することは非常に難しい。セラピストがその音を書き言葉に変換できるのは「バーンバーン」という音声ぐらいである。

　けい君は，一人の世界にひきこもって，次々に動物の絵を描いていった。画用紙1枚に1匹ずつ動物を描いていく。動物の種類は多く，上手に描く **〈絵3，4〉**。描いている時，その動物の名前を不思議な発声とイントネーションで何度も繰り返す。たとえば，カメを描いているとき，「**カメーオカメーオ**……**カメーオ・カメーオ・カメーオ**……」というように。かと思うと，突然手を止めて，目を宙に浮かしてしばらくぼんやりする。突然，片手を激しくぶらぶらと動かし，パタリとやめる。そして，表現しがたい奇声をあげて，再び画用紙に向かう。

## ほどよい距離の模索

　その最初の10分くらいの間，セラピストは，けい君と自分の間の空間について，どれぐらいの距離がけい君にとってほどよいか……を模索していた。最初は，すぐに90度の角度の少し離れた席に座らず，初めに中腰で語りかけた所（つまりけい君と自分の椅子の中間）にとどまった。そして，描かれていく動物の絵に［ゾウさんだね，ライオンさんだね］と語りかけたり，黒いペン以外のいろいろな色の入ったクレヨンがあることを，クレヨンの箱に手を触れながら伝えたりした。そんな風にかかわりをもとうとするセラピストにまったく関心を示さずにけい君は，絵を描き続けているように見えた。

　しかし，やがてセラピストのちょっとした介入に対するけい君の微妙な反応に気がついた。セラピストの語りかけと連動するように，"セラピストの声を妨げる"ようなタイミングで奇声をあげたり，あるいはそばにいる"セラピストをうっとうしく感じている"かのように，ほんの瞬間，体を仰向けにそらしたり，またクレヨンの箱に手を伸ばした"セラピストの手をうるさいと感じている"かのように，自分の手を少しセラピストの手に近づけてから，宙に払う微

絵3

絵4

妙なしぐさを見せた。さらに，セラピストがけい君に心理的に接近しようとして，描かれていく動物の名前を挙げながら［○○かな，それとも△△かな……あー□□だね］などと介入すると，"セラピストに近づかれることから逃れる"ように，あるいは"その不快感から自分の身を守ろうとする"ように，さらには"恐怖感を与える対象を威嚇する"ように，次々に描かれるけい君の絵が変化していった。最初はライオンやゾウのような動物から，だんだんに甲羅をもっていて手足を隠せるカメとか，はさみを出しているカニとか，おしりに針を持ったハチとか，やがてはオバケの絵に変わった。〈絵5～9〉

　そうしたやりとりの中でセラピストは，けい君に物理的にも心理的にも近づ

絵5

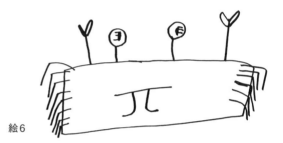

絵6

絵7

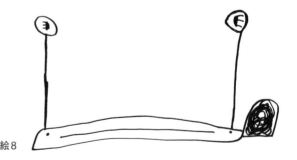

絵8

こうとして，自分が勇み足になっていること，そして，そのこと全体をけい君が侵入的に受けとめていることを感じとった。そう実感したセラピストは，あらかじめ用意しておいた自分の椅子に座ることにした。そうして少し離れたところに座し，とにかくよけいな声かけはしないで，邪魔したり，侵入することなく，そうっと静かにけい君を見守った。

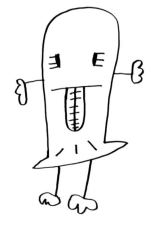

絵9

## 子どものセラピーのキーポイント

### 恒常性のある"安全な空間"

　子どもがその中にいて安心して過ごせるような空間を創るために大切なことは，セラピストのかかわりが，子どもに脅威を与えたり，侵入的なものとならないように配慮することである。子どもの姿勢の微妙な動きや子どもの表す遊び，さらに描く絵などをフィードバックとして，それらに着目することによって，セラピストのかかわりが侵入として体験されているかどうか，チェックすることができる。子どもとセラピストとの間に安全感を保証する心理的なほどよい**境界**（boundary）を創ることは，とくに，初期の関係性づくりにおいて，とても重要である。子どもだからといって，関心や注意を引くために積極的に働きかけたり，遊びに誘い込んだりするのではなく，子どもの心，内的な世界が主導であり続ける場を創るには，むしろセラピストの介入は控えめであることが意味をもってくる。そして，その安心感を抱けるようなセラピーの場を連続して抱え，保護し，管理して保証する，D. W. ウィニコットのいうホールディング（holding）機能（参考文献7）を発揮し，セラピストはセラピー空間の安定と継続性を維持し，子どもの自然な自己表現の発露を待つ。

## アイ・コンタクトがもてた！

　言葉は伴わないが，微妙な動きで細やかに応答するけい君を感じながら，セラピストはけい君との間のほどよい距離を見いだそうとしていた。けい君は一見すると自閉的な状態の中に入っているようだが，細やかに見ていくと，前述したようなさまざまな微妙なサインを送っているように，セラピストには感じられた。

　ところが，出会ってから30分余りが経過したところで，それまで一切セラピストを見ようともしなかったけい君との間に驚くべき交流が生まれた。初めて，ふと，けい君がセラピストの方を見たのである。そしてその瞬間，二人の目が合った。それはほんの一瞬のできごとであった。けい君のつぶらな瞳が大きく"くるりん"と，セラピストの目をとらえたのである。セラピストは思いがけないけい君の動きに，内心，驚きと嬉しい気持ちが高まったが，けい君がセラピストの目を見たその瞬間，けい君の視線をしっかりと受けとめて，大きくゆっくりとした動きでうなずいて応じた。するとけい君は，視線を画用紙にゆっくり戻して，それからまもなく，ヘビを描こうとした。しかしうまく描けなかったようで，描きかけのヘビの絵を途中で突然，ぐしゃぐしゃと両手で丸めてしまった。そしてその丸めた絵を右手にもって，その右手をそのままセラピストの方に伸ばした。そのとき，早口で「ゴミ」というけい君の小さな声が聞こえてきた。そこで，セラピストもけい君の方に手を伸ばしてそれを受け取るという，インターラクションが起こった！

　この後，二人の間にこれ以上の積極的な交流は生じなかった。セラピストから働きかけることは敢えてしなかった。けい君が自発的にセラピストに働きかけてくるのを待つ姿勢にとどめた。いずれにしてもセラピストにとって，50分間に1回とはいえ，ほんの一瞬でも目が合い，けい君の方から描き損なった「ゴミ」を手渡すというセラピストへのかかわりが生まれたことは，とても貴重な体験であった。初回のセッションに，それをけい君との間で達成できただけでも十分というのがセラピストの本心だった。

　このセッションを後からふり返って改めて思うことは，はじめの30分が重要であったということである。その間の言葉を伴わない交流の中で，セラピストはけい君を脅やかさないし，侵入的にならないということが伝わったと思う。その守られた空間の中で，けい君が少しずつ安心できるようになり，**アイ・コンタクト**，さらにセラピストへの働きかけが生じたと信じている。

## 終わりの時間を迎えて：凄まじい絶叫

　その後もけい君は時間いっぱい，たくさんの絵を描き，セラピストが終わりの時間が近づいたことを伝えても，それを無視して描き続けたが，[終わり] という語りかけをしてから以降の絵には変化が見られた。それまでは，動物の名前がはっきりと明示できるような表象を描いていたが，終わりに際して描いた絵は，架空の動物，しかもバランスの悪いものになった。羽のバランスが悪く飛べそうもないトリ（？）のようなものや，やたらに手足（？）の多い動物が描かれた〈絵10，11〉。セラピストはそれ以前のけい君のまとまりのある絵と比べて，まとまりの悪くなった，名前もつかない動物の絵から，心の中の混乱ぶりを感じた。

　さて，いよいよ部屋を出なければならない状況になると，"終わり"への抵抗を狂おしく凄まじい絶叫で表明した。その絶叫は，耳をつんざくように鋭く，何度も発せられ，セラピストは身が切られるような思いをしながら，けい君に"時間がきて"終わらなければならない残念さを伝えた。さらに，セラピストの中でも，けい君の初回がこうした形で終わり，次の再会につながるだろうかという心許なさがあった。この初回は，継続的な心理療法が可能かどうかを考えるために設定されていた。このセッションでのけい君の言動について話し合っ

絵10

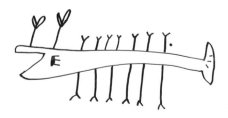

絵11

てから，継続について決めることになっていたのである。そのためこの段階では，心理療法の継続の協力を保護者，そして主治医に求めることができるのかが，セラピストにも不確かであった。けい君に再会の約束をすることができない，そのことのために，いっそうその叫びは胸に迫ってきた。

## 子どものセラピーのキーポイント

### 現実原則

　約束の時間に始まり，約束の時間が来たら終わりにすること，これは社会生活を営む人々が，その幼児期から発達とともに身につけていく基本的な社会ルールである。精神分析では，快楽を追求する**快感原則**と対立させて，人として生きていく上で社会に適応するために欲求をコントロールして従わなければならないこうしたルールを**現実原則**という。

　生まれて間もない赤ちゃんは，即時に満足を求める快感原則に支配されて，**全能感**をもっている。しかし人は発達とともに，外的な現実に適応して生きていくために，欲求の充足を延期することや断念することを身につけていく。また，不快な状態を一時的に耐えることは結局は快につながることを学んでいく。（参考文献8, 9）

　決まった時間と空間を共にする中で営まれる精神分析的な心理療法の構造は，このような現実原則を守ることを前提として成り立つものである。クライアントのみならず，セラピストも，あらかじめ決められた時間と空間をめぐる現実原則を守ることが求められる。その現実原則を守ろうとする過程や，あるいはそれを守れなくなる局面で生じる，さまざまな**転移**（16頁の注2参照）・**逆転移** [注3] を丹念に読み取っていくことが，ケースの理解の役に立つ。

---

[注3] 逆転移とは，クライアントのセラピストに対する態度，感情，考え，とくにその転移に対して生ずるセラピストの無意識的な反応（態度，感情，考え）などをいう。また，もっと広い意味で，セラピストがクライアントに向ける種々の感情的な態度，その他のすべての心理的反応をさす場合もある。本書では後者の広い意味も含めて用いている。

## 終わりに際して

　決まった時間が訪れたら終わりにしなければならないときの，子どもたちの反応はほんとうにさまざまである。率直に「まだ終わりにしたくない」「もうちょっと，これができあがるまで」と言える子どもから，言葉にしないけれど，終わりへの抵抗を実力で行使する子どももいれば，またまったく表情一つ変えずに淡々と部屋を出て行く子どももいる。表に現れる言動と心の中で感じているものがほぼ一致しているのか，それとも大きな“ずれ”があるのか，セラピストはさまざまに思いをめぐらしながら，終わりに際しての子どもの気持ちを読み取り，その情緒に言葉で応じる。その際，子どものリクエストに応えて，終わりの時間をおまけしてあげるとか，やりかけのものが最後まで仕上がるまで時間を延長してあげることによって，子どもを喜ばせてあげるなど，実際に時間を延ばすという行為で応ずるのではなく，気持ちを言葉にしていくことで応ずることがポイントである。実は，こうしたセッションの終わりをめぐる体験，現実原則との出合い，分離に際してのさまざまな気持ちを二人で受けとめていくことが，治療的な意義をもつのである。

　けい君の終わりへの限りなく激しい抵抗に際して，分離することのたいへんさを読み取ったセラピストは［終わりたくないね……終わりにするのは残念だね……ずっとこうして絵を描いていたいね］と，語りかけ続けた。しかし，けい君は“人が語る”ことを理解しているのか，つまり，けい君には言葉の意味が通じるのかどうかも定かではなかった。そもそも，まったくセラピストの顔を見ずに，奇声のような悲鳴をあげ続けるけい君にはセラピストの声が聞こえているようにも見えなかった。

　そうこうしているうちに，主治医との面談を終えた父と祖母がけい君を迎えに来た。それでも頑として，その場に居続け，絵を描こうとするけい君は，最後には父にすっぽりと抱きかかえられて，セラピストを後に残して退室した。

　父と祖母に連れられて部屋の外に出ても，けい君のパニック様の絶叫は続いた。そして，けい君の姿が見えなくなっても，その悲鳴は続いた。

この別れに際して発せられたけい君の身を切るような凄まじい声は，けい君から伝わってくる，別れ＝喪失に対するけい君の心の痛みとして，セラピストの心に深く刻み込まれた。この逆転移がけい君との**対象関係**[注4]の始まりだった。

## 継続的な面接に向けての調整

この後，けい君のセラピーを開始するかについて，主治医，保護者（父，祖母）の話し合い，調整が行われた。というのは，けい君の毎週のセラピーの実現可能性をめぐり難題がいくつかあったからである。

第一に，父は職業上，住まいも遠く，さらに生活リズムが不規則であるため，実際にけい君を引き取って世話をすることができなかった。そのような状況下，けい君の施設暮らしは未だ続いていた。そしてセラピストが初めて会った頃は，週末だけ祖父母の家で過ごす生活スタイルに移行しつつある状況だった。それ故，普段の日は施設で暮らし，週末1泊は祖父母宅で過ごすという生活のリズムがまだ安定していなかった。

第二に，人の言葉に耳を貸さず自分本位に行動したり，突然パニック状態のように情動が激しく高まるけい君を毎週規則正しくセラピーに続けて連れてこられるかという不安を祖母は抱いていた。

第三に，初回の時に終わることがたいへんだったけい君は，定められた時間，空間の中に，すなわち**心理療法の構造**の中におさまることが難しいのではないかという懸念があった。たとえば，時間に終われなくて抵抗したときに発せられる大きな声は，同時間帯に行われている他の面接への妨害になるのではないかという心配があった。

第四に，そうした問題を乗り越えて，週1回の心理療法を継続することが，そもそもけい君の心の発達や心理状態に，何らかの望ましい影響を及ぼし得るのかという根本的な疑念もあった。

それらの点を踏まえて，その後，主治医と保護者との間で何回かにわたり慎重な話し合いがもたれた。

一方，セラピストは，けい君とたった一度会っただけであるにもかかわらず，

---

[注4] 対象関係とは，客観的，外的な対人関係ではなく，むしろ個人が主観の中で相手にどのような対象像を投影しているか，また内的な空想を抱いているかなど，それぞれの人の中に内在化した内的な対象像と自己の関係をいう。

## 自閉症の子どもの言動に
## 対象関係を読み取ることをめぐって

　初回の終わりの絶叫や，後に述べる2回目の終わりにおもちゃを持ち帰ろうとしたけい君の言動は，けい君の“別れ——喪失の痛み”の現れとしてセラピストの心に深く刻み込まれ，それが逆転移を引き起こした。そのことに関して妙木浩之先生から，次のような指摘を得た。

　自閉症的な特徴をセラピストがどう“読みかえていくか”が重要である。つまり，「終われない」ことで，その場に居続けようとすることは，自閉症に特有な「常同性」かもしれない。またおもちゃを持ち帰ろうとすることも，「一定の物を保持する」などの自閉症的な特徴ともいえる。しかしそれをセラピストが“別れ——喪失の痛み”として力動的に読みとっていたこと，力動的な発想で自閉症的なものを見立てたところに，このセラピーの価値がある。とくに「終われないこと」について「分離できない」と読みかえたところに意味がある。また，「分離」という言葉をめぐっても，終われないことと別れられないことは違う。行動上，分離できないことなのか，それとも対象を内的に保持して対象と別れられないという対象関係の問題なのかの区別が必要である。

　妙木先生の指摘に関して，その後の展開をふり返りながら，改めて以下のようなことを思った。セラピストは，この後の心理療法の経過においても逆転移の中で，けい君のさまざまな行動の背後に何らかの情動を読み取り，力動的な読みかえをおこない続けた。その際，読み取り方や読みかえに関して，何が正しいかなど，客観的に正誤の判断をつけることはできない。ただ，その主観的な読み取り，読みかえに基づく実際のかかわりが，けい君との間にさまざまなインターラクションを引き起こす一つの契機になった事実を受けとめることは重要である。
　またそのようなセラピストの逆転移と，けい君の中に生成されてきた転移の現れを一つ一つ体験することが，けい君との心理療法の営みであったと思う。

自閉症と診断された子どもとの間で，そうは容易にもてないようなインターラクションが生まれた得難い体験から，今後のけい君との交流の積み重ねにかすかながら期待をもっていた。また，あの別れ際の凄まじい絶叫が鋭く胸に刻まれたセラピストは，けい君との再会を願う気持ちを抱いていた。

そして，そのような自分の考え，気持ちを率直に主治医に伝えた上で，「できることならけい君との再会と心理療法の継続を」と，セラピスト側の希望を申し出ていた。

その後，けい君の継続的な心理療法に入っていくかについての話し合いは3カ月を要した。その間に，けい君の新たな生活リズム（普段は施設で，週末だけ祖父母宅で暮らす）も安定してきた。そして最終的には，セラピストの願いも聞き届けられ，1週間に1回50分間のけい君の継続的なセラピーに入ることになった。

### 子どものセラピーのキーポイント

#### 契約

心理療法に入っていく上で，その目標を共有し，継続する意志をもち，自分に関する責任をもてる，ある年齢以上のクライアントとは異なり，子どもの心理療法の契約は，子どもの代理的な存在である保護者と行うことになる。しかも，言葉による交流が難しい子どもの場合は，なおさら本人の意志を越えたところで，大人たちがその取り決めをせざるを得ない。

ただし，実際にセラピールームの中で子どもと向かい合ったら，どんなに小さな子どもであっても，どんなに言葉が通じないと思われる子どもであっても，その子どもにできるだけ合わせて，これから始める面接のしかたを説明する。具体的には，毎週会っていくことや，ここで一定の時間過ごすこと，ここはどんなことをする所なのか，一緒に何をするのか，ここにあるものを使って自由に過ごしてほしいことや，セラピストは困っていることのお手伝いをしたいと思っていること，ここで話したり遊んだりしたことはご両親には伝えないで秘密であるなど，それぞれの子どもに応じた形で伝える。

けい君の場合もそうである。けい君を超えたところで，外枠の構造が調整され，契約が成立した。実際にけい君を連れてくる祖母とセラピストがお互いに毎週，大きな変更なく準備できる曜日と時間帯がまず決まった。土曜日の朝，10時から10時50分である。それから，料金の取り決めもある。それは主治医と保護者との間で話し合われて，通常の面接料1万円ということになった。（なお，その内の30パーセント，3千円が部屋の使用料として，この施設の所有者に支払われる額である。）

## 子どものセラピーのキーポイント

### 面接料

病院，クリニックなどにおける保険診療の枠での面接料は，2千円台である。保険診療の枠外で設定される面接料は，一般に，50分，1万円から1万5千円くらいである。場合によっては，5千円から設定している施設もある。

また，支払い方法としては，銀行などに振り込んでもらう形もあるが，セッションの終わりに直接支払ってもらう形が一般的である。大人の心理療法の場合には，その料金の支払い方をめぐって，さまざまな象徴的な意味が見いだされる。そしてその意味の探索が，クライアント，およびクライアントとセラピストの関係性の理解を深める要素にもなるので，敢えて直接支払ってもらう形にすることに意義がある。子どもの場合は，子どもが支払うというよりも，保護者が面接の終わりにセラピストに手渡していくことが多い。それ故，料金をめぐって，子どもとの特別なインターラクションが起こることはあまりない。ただし，子どもが"面接に支払われるお金"について興味をもったり，自分でセラピストに手渡そうとしたりすることもある。さらに，9～10歳以上の神経症水準の子どもになると，保護者が自分に向けているだろうと，その子どもが想像するさまざまな思いが"そのお金に投影される"こともあるので，面接料とその支払い方も大事な素材として考えておきたい。

# 第2章
# 心の通いあいの芽生え
## 週1回の心理療法開始

　心理療法継続に向けて，おおよその準備が整った。
　いよいよ3カ月ぶりにけい君に再会することになった。

## 第2回

### 「いちご」を口につけて恍惚となる

　あの絶叫から3カ月ぶりに訪れたけい君は，たいへん驚いたことに，よく知っているところへ来たとでもいうように，前回と同じ部屋にどんどん進んで入っていった。そして部屋に入るや否や，セラピストが用意していたさまざまな遊具の中から実物大の，ゴムでできたいちごを手に取って，すぐに口の方へもっていった。けい君はそれをなめたり，口に入れたりしないで，唇にくっつけて，その感触を心ゆくまで味わっているようである。このことから，たいへん素朴なプリミティブな形で，けい君がこの場面に対する愛着を表しているように見えた。

　けい君は「いちご」を口につけたまま目をつむって，しばらく恍惚とした表情になった。けい君を見守っていると時間が止まってしまったようである。その幸せそうな表情から，けい君にとってこの空間は，心地よい情動が刺激される場になっているように，セラピストは感じた。しばらくして，けい君はいちごをようやく口から離したが，セラピストの方に目を向けることはずっとなかった。

## ［これからもここで］に応じる：「いくんこんこん・ばいさんこん」

　セラピストは［これから毎週，50分，このお部屋で会っていくこと］を伝えた。さらに時計を指しながら［長い針がここからここまで，10時から10時50分までが，けい君の時間であるということ］を話した。そのようにけい君とこれからも続けて会っていくことを伝えている間，けい君は「いくんこんこん・ばいさんこん」という字（？）を書いた。〈絵12〉

　けい君はまだ字を読むことも書くこともできないと保護者から伝えられていた。しかしそのひらがなの字の中に，“行く”の「いく」と“バイバイ”の「ばい」が含まれていることに，セラピストは気がついた。

## 男の子人形に自分の体験を託す：「ダイジョーブー？」

　その後しばらくの間，けい君は奇妙な声を発したり，再びいちごを口につけたりして過ごしていた。けい君は初回から，セラピールームの中ではソファやフロアに座ったり寝ころんだりして，ほとんどそこから動かずに過ごすのが常だった。しかし，少しずつこの空間に慣れてきたのか，けい君はやおら立ち上がって部屋の中を歩いたり，窓の外を眺めるような行動を始めた。今までにない積極的な動きがけい君に現れた。

　そして，この第2セッションを開始してから15分後，初めてテーブルの上の人形に興味を示した。

　小さな布製の男の子の人形を手にして，それをしばらくさわっていたけい君が，あっという間もなく，その人形を突然放り投げた。方向も確かめずに無造作に投げたようだったが，その人形は大きな放物線を描きながらフロアに落ち

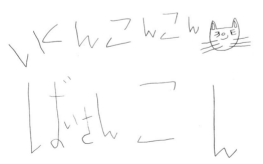

絵12

た勢いで，セラピストの座っている椅子の下に転がってきた。セラピストがその放物線の弧をなぞるような声のトーンで，［ポォォーン……と，こっちにきたねー］と声をかけた。すると，それに応じるように，けい君ははっきりとした口調で「ダイジョォーブー？」と歌うように言った。それに対して［大丈夫かしら？］と応じたセラピストをふり返って，けい君はしっかりと目を合わせた。そして今度は，男の子の人形に話しかけるように，「ダイジョォーブー？」と言った。さらにそれに応じるセラピストとの間に，［だいじょうぶかな？］「ダイジョォーブー？」［だいじょうぶかなー？］「ダイジョォーブー？」というリズミカルなやりとりが起こった。けい君は「ダイジョォーブー？」と言いながら，四つん這いになって男の子人形が落ちた方へ向かう。［ここに落ちてるねー］と声をかけるセラピスト……さらにけい君は人形を探しながら，「ダイジョォーブーダイジョォーブー」と歌うように言う。

　この，［だいじょうぶ？］「ダイジョォーブー？」の声のかけあいの中で，けい君は，セラピストの方を何度も何度もふり返って見た。そうしながら人形の方へハイハイで向かっていき，とうとう最後にその人形を見いだし，再び自分の手の中におさめた。

　セラピストにはその人形が，施設に放っぽりだされたままになっていたけい君自身のように感じられた。また転移としてみると，このセラピストとの関係も初回から第2回の再会までに，3カ月の期間を要した。その空白の期間をけい君は，やはりセラピストに放り出されてしまったように感じたのかもしれない。

　しかし，ここで最後にけい君自身がその男の子の人形を見つけ出したように，けい君は施設にいるところを祖父母から見つけ出され，そしてこのセラピストとの関係も初回で終わることなく再会につながった。一度は放り投げられたけれど，再び見いだされ，再会する……そんな自分の状況をけい君が人形に託したようにセラピストは思った。

## 交流が失われているときの状態

　これだけ何度も互いに呼応するような"だいじょうぶ？"の交流がもてたにもかかわらず，けい君との交流は，この後再び消失した。けい君はひとりの世界に入っているように，動物やくだものなどを手にしては，了解の難しい語を発した。たとえば「オーダーオーダー**オオーダー**」とか「アアアアニャー

アアアアアニャー」とか，あるいは「キーエ，ナントカダントカダナイモーン」「ウシー，ウシー，**ウッシ**」と，断片的にわかる語とわからない語を織り交ぜながら，けい君特有のリズムに乗せて発した。あるいは「オーイー」というのが止まらなくなってしまって，不思議なリズムとメロディで，「オイオイオーイーオーイーオーイーオーイーオーイーオーイーオーイーオーイーオーイーオーイーオーイーオーイーオーイーオーイオイオイオーイーオーイーオーイーオーイーオーイーオーイーオーイーオーイーオイオイオーイーオーイーオーイ……」を繰り返した。

## 終わりに，おもちゃを抱え込む

そんな風に長い間過ごして，いよいよセッションの終わりが近づいた。前回の終わり，凄まじい絶叫をあげたけい君は，このセッションの終わりをどう迎えるだろうか……と，セラピストは思っていた。来週も同じように会えるということを理解することができるだろうか，それともやはり激しい声をあげて抵抗を表すのだろうか……と思いめぐらしていた。

そうして迎えたこのセッションの終わりに，けい君はいちごをはじめ，すべての動物や人形などの小さな遊具を自分の帽子の中にすっかり入れて抱え込み，何がなんでも力ずくで持ち帰ろうとした。けい君は次の再会を期待することができないので，どうしても目の前のものを持ち帰りたいのだろうと，その姿を目にしてセラピストは思ったが，[もって帰りたいんだね，今度またここに置いておくよ] というメッセージを伝え続けた。その中で，[今日はこの日で，今度はこの日] とカレンダーに印をつけて，けい君に指して伝えながら，[その日に，これ（帽子の中を指して）を出しておくね。これはここに置いていこう，おもちゃ，来週ここで待ってるよ] と，おだやかな空気の中で一貫して伝えた。それでもけい君は人形たちが入っている帽子を小脇にぎゅーっと抱えて放さなかった。

## おもちゃをどうしても置いていってもらう

けい君は帽子を抱え込んだまま，セラピールームの外に逃げ出すように，祖母の待つ待合室に出て行ってしまった。帽子の中のものをセラピールームに残してもらうことはかなりたいへんそうだった。それでもセラピストは，これらの人形たちはちゃんと来週もここにあること，来週もこれらの人形たちに会え

ることを伝えて，どうしても置いていってもらうように働きかけた。祖母もセラピストに協力して，けい君から帽子の中身を引き離すようにして，ようやくその手から遊具が離れた。けい君はかなり抵抗して大声で「カビカビカビカビカビカビカビカビカビカビカビカビカビカビカビ……コドモ，エー，コドモコドモコドモコドモ，ヤーヤーウエーウエーウエー」を繰り返した。その中で祖母やセラピストの言葉をそのまま受けて繰り返すこともあった。祖母の「わかんないこといわないの」に「ワカンナーイワカンナーイワカンナーイ」とか，セラピストの［また来ましょうね］に，「マタキマショウネ……カビカビカビカビカビ……」というように，祖母とセラピストの声かけは，その意味の了解とは別に，けい君の独特のイントネーションになって取り込まれているようだった。

　これだけの情緒的なストラグルをシビアに感じながらも，セラピストが帽子の中の遊具を，どうしても置いていってもらいたいと考えたのは，次回再会してそれらに再び出会えた時に，この場が連続してあると同時に，恒常性のある空間であることをけい君に実感してもらいたかったからである。そして，こうした場の連続性と恒常性，さらに一貫性の体験を，セラピストに対するけい君の情緒的対象恒常性につながる体験として，ゆくゆくは，けい君に経験してもらうことを目指していた。


### 子どものセラピーのキーポイント

### 情緒的対象恒常性 （emotional object constancy）

　マーラー（M. Mahler ; 参考文献10）によれば，子どもは生後3年目を迎える頃になると，母親からの分離に耐えられるようになる。それは，子どもの心の中で，愛情・依存対象としての母親イメージの永続性が保たれるようになるからである。たとえ，母親が不在であったとしても，あるいは母親から欲求不満を与えられても，それまでに獲得された“よい母親”のイメージが失われたり，破壊されることはない。母親と離れていても心の内に，自分を支えてくれる母親像を抱くことができるようになっているので，安定して母親から離れていることができるようになる。このように対象イメージを永続的に保持できるようになる子どもの体験をマーラーは，情緒

的対象恒常性と名づけた。さらに，情緒的対象恒常性が体験できるようになると，それに伴って子どもの精神内界に自己表象と対象表象が分化，確立される。つまり，その発達図式に従えば，情緒的対象恒常性の獲得とともに，一貫性のある自己像も確立すると考えられている。

---

第3回

## 待っていたおもちゃ：[けい君のこと，待ってたよ]

　約束通り次の週にけい君と再会した。部屋に入ったばかりのけい君は，最初は"心ここにあらず"という，茫然とした表情でソファに座っていた。かなりぼんやりしているように見えた。セラピストは前回の終わりに，お別れすることがたいへんだった人形や動物をテーブルの上にいつものように用意しておいた。

　けい君といったん分離して再会するまでのこの1週間，けい君との別れ際の前回の最後のシーンが，セラピストの心に何度となく蘇った。そしてこの第3回の最初にも，あのときの"おもちゃをもって帰る！ vs. 置いていこう！"をめぐる，二人のたいへんなやりとりがありありと思い出されていた。どうしても置いていかせようとするセラピストにけい君が抗った，その激しい抵抗をもう一度，"今まさにこの場で"和らげるような口調で，セラピストはテーブルの上の遊具を指さしながら，けい君に柔らかく語りかけた。

　　[(この人形や動物たちが) けい君のこと，待ってたよ]

　このセラピストの語りかけが，けい君の耳に届いた！（のだろうか）……それまでぼうっとしていたように見えたけい君は，にわかにうれしそうな表情になった。しかもごきげんそうな鼻歌まじりにジャケットのボタンを一つ一つはずしていき，ここで過ごす"準備"を始めた！（ように見えた。）

　そして，お日様とチューリップとちょうちょ〈絵13〉や，ライオン〈絵14〉を描いた。この〈絵〉は，"にこにこおひさま"（＝セラピスト）に向かって"にこにこちょうちょ"（＝けい君）が飛んでいるようにも見える。この絵に，セラピストに対するけい君の陽性の気持ちが現れているように感じられた。

絵13

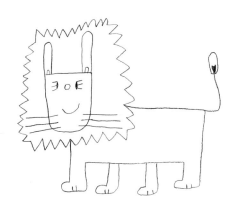

絵14

### 初めてのお願い：「ライオン　カイテクダサイ」

　それから自分でライオンを描いたその後で，けい君は初めてセラピストにライオンの絵を描いてほしいと積極的に求めてきた。このライオンの絵は，その後の経過の中でさまざまに変遷していくが，「ライオン」像はどうやらけい君像であるらしいと，すでにこの頃からセラピストは感じていた。

　けい君はいったんは自分の目の前に置いた画用紙を，おもむろにセラピストの正面に置き直した。そして，自分の使っていた鉛筆をセラピストに向かってぐうっと差し出して，それから独特のアクセントを伴ったリズムで歌うように，「ライオンカイテ**クーダサーイ**……**ライオンカイテチョーダアーイ！**」

と，お願いしてきた。けい君のそのお願いのしかたに，けい君がセラピストに期待を抱いているということが生き生きと伝わってきた。

これが，けい君がセラピストに対して発した，初めての要求言語であった。

こんな風にセラピストに対して，初めて積極的にかかわるけい君にセラピストは“その要求に応じて”，けい君がいつも描くライオン像に近い，“ライオン”を描いた。

### 子どものセラピーのキーポイント

## 子どもの要求に応じることをめぐって

セラピストは，子どもの要求や欲求にどこまで応じるか。その子どもの気持ちをどこまで満たすか。こうした子どものリクエストに“応える応えない”，そしてその気持ちを“満たす満たさない”をめぐって，セラピスト側の慎重な配慮が必要である。子どもが向けてくるその要求は，すぐにでも手に入れたい衝動的な快を求めてのものなのか，満たしてほしい甘えからくるものなのか，それとも自分が何かをやり遂げることに困難を感じてその一部分の援助を求めているのか。そして，それらひとつひとつに，セラピストはどうかかわっていくか。

子どもの病態や年齢を問わず，そうした思考をめぐらす際，まずは，そのときその瞬間，子どもが求める欲求や情動の“質”をできるだけ読み取ろうとすることが大切である。その欲求や情動の質とは，その瞬間の子どもとセラピストの関係性の質にかかわってくる。子どもが求めるものが，ウィニコット（参考文献11, 12）のいう**イット関係化**によるものか，**自我関係化**によるものかによって，セラピストの受け取り方，さらに応答のしかたは異なってくる。

“イット関係化”というのは，セラピストとの関係の中で，欲求の満足を直接的に即時に，どこまでも満たそうとする思いに駆り立てられている状態を言う。それ故，その飽くなき欲求に応じて，それを不用意にそして安易にセラピストが満たせば，その欲求はいっそう，とどまることなく肥大する。二人の関係がいったんそのような状態に陥ると，現実に適した行動を二人の間に再び取り戻すことが難しくなり，建設的な方向へ向かう道は

閉ざされる。その関係性は，心の成長に向けて何かを生み出していく関係どころか，生々しく泥沼化していく関係性に変貌する。イット関係化に彩られた二人の関係性は，そのような「悪性の退行」（参考文献13）をもたらすことになる。

　一方，"自我関係化"は，セラピストと共にいる安全感と安心感の中で，子どもが自分の欲求，ニードを実感し，それがおだやかに満たされるような関係性を言う。それは，セラピストとの安定した関係性の中に守られながら，子どもが自分の欲求を感じ，それを過剰に求める必要も感ずることなく，安心してその欲求にかかわれるような体験である。それ故，自我関係化に基づく関係性の中で求め，得られた満足感は，健康な成長に向かう基盤になる。

　このような観点から，もしクライアントとセラピストとの関係性が，イット関係化が優勢であると感じられれば，自我関係化へ移行するような関係性を両者の間にもてるように配慮することが，治療的な意義をもつといえよう。

　いずれにしても，なんの配慮もなく要求に応える関係性ではなく，いかに健康な成長に向かう安定した関係性を二人の間に創りだせるかということが心理療法の課題である。

　その例を一つ挙げたい。お絵かきの途中で自分ではうまく描けないという理由で，なんでもかんでもセラピストに「やってやって，描いて描いて」とねだる6歳の子どもがいた。その子どもはかわいい顔を描こうとしても，どうしても目がつりあがったり，顔がとがってしまったりして，怖い顔になってしまうことをおそれていた。その際，セラピストはその子どもの奥にある感情に向かい合えるように心がける。すぐに要求に応じて描くことは控え，それよりも，〔先生に描いてほしいんだね……自分で描こうとしてもうまく描けないんだね。思っているのと違っちゃうんだね。どんな風にほんとうは描きたいのかな〕と，描いてほしいという気持ちに応答していく。そのようにお絵かきの代筆をすぐに引き受けないで，さらにそのリクエストの奥にある気持ちに〔ほんとうは，こんな風に描きたいのにどうしても描けないのね……どうしてかな？〕とかかわる。

　このようなやりとりを積み重ねることによって，セラピストの前で"よ

い子"になろうとしていたけれど，かなり無理をしているということが，だんだんに二人の間でわかってきた。"よい子"になって我慢してお絵かきをしながら，ほんとうはそのように"よい子"になっていることはとても苦痛だったのである。そのことが実感されてくると，セラピールームの外でも，いつも同じようなことが起こっていることに目を向けられるようになった。自分では"よい子"のつもりが，最終的には"困った子"というレッテルを貼られている日常もつながってきた。そして，いつも頑張って過剰に"よい子"になろうとするけれども，それが必ずどこかで破綻して怒りが爆発して暴力的になってしまう，そんな自分の心の動きに，やがて気がつくようになった。

　その子どもには，もともと鬼や怪獣を極端に怖れる恐怖症があったために，その症状改善をはかるために心理療法が導入された。心理療法の過程で，その子が一番怖れていたのは，実は自分自身だったということが共有された。自分の心の奥深くに潜んでいたものすごい怒りが，「鬼」や「怪獣」に投影されていたために，恐怖症になっていたのである。お絵かきの中での要求：「やってやって」から始まった，"よい子"をめぐる葛藤をセラピストとの間で言葉にしていく過程で，恐怖の対象が，自分の中にあって扱いきれず，もてあましていた"荒れ狂うほどの怒り"であったということがその子どもに実感された。その気づきが得られてまもなく，いつのまにか恐怖症は消失していた。（参考文献5, 14）

　すぐにリクエストに応じて子どもを満足させる方が，セラピストにとって情緒的にはずっと楽である。しかし，そこで安易に応じることによっていたずらに，その子どもの情緒的な発達の芽を摘まず，その要求の奥にある子どもの内的な葛藤に目を向けるように心がける。自分ひとりではどうにもできない葛藤に，子どもがかかわれるように手助けしようとするとき，まさにそのときに，セラピストの情緒的な忍耐力が問われるのである。

## けい君の「カイテクダサイ」に応えて

　さて，けい君からのリクエストを，セラピストはどんな風に受けとめたか。アイ・コンタクトさえままならず，情緒的な交流も一貫してもつことができな

いけい君。そんなけい君がセラピストに初めて積極的にかかわりを求めてきた。その「ライオン　カイテクダサイ」という働きかけに対してセラピストは，その瞬間，けい君の願いを大事に受けとめたいという気持ちになった。そして，その要求に応じることが，人とかかわることがほとんどできないけい君にとって，発達的に意味のある交流に向かう可能性があると思った。

　そして，セラピストは自分の中のライオン像を描くのではなく，けい君がセラピストにおねだりしているライオンは一体どんなライオンかをたずねながら，それに言葉で応じることのないけい君に声をかけながら，一緒に描いているという感覚の中で，今まで描かれたけい君のライオン像を思い出しながら“ライオン”を描いた。

　こうしてセラピストがけい君のリクエストに応じて，ライオンの絵を描いた後，けい君は自らゾウの絵を描いた。けい君にとってゾウがどんな象徴的な意味をもつのか，まだこの段階ではセラピストの中に何らかのイメージはわいていなかった。ただし初回でも，ライオンとゾウは，一連のお絵かきの中で“ライオンの次は必ずゾウ”というように連続的に描かれたことから，ゾウはけい君にとって大きな意味をもつ表象であると思った。

## 何かを始める：「スナバホリホリ!!」

　そして，ゾウを描き終えてからのことである。けい君は突然，何か?!を始めた。それがいったい何であるのか，セラピストにはまったくわからなかった。

　けい君は，かなりはっきりとした口調で，大きな声で言った。

　「スナバホリホリ!!」

　けい君は何度も「スナバホリホリ!!　スナバホリホリ!!」と言いながら，画用紙いっぱいに四角い二重の枠組みを描き，その中に砂粒を描き入れて，砂場の絵〈絵15〉を描いた。砂粒を描くとき，鉛筆を画用紙の上に垂直に立ててから，その尖った先で強く引っ掻くように何度も突いた。まるで画用紙を掘るようなそのしぐさは，平面的な画用紙を立体的なほんとうの砂場とけい君が感じているかのような行為だった。それから1枚の画用紙に“何か”を描いては，まるで続きもののように次の画用紙に素早く“何か”を描くという感じで，次々に描いた。その一枚一枚に実に不思議なもの（？）が描かれていった。〈絵16～21〉

　そしてその一連の絵を描き終わると，こう繰り返した。

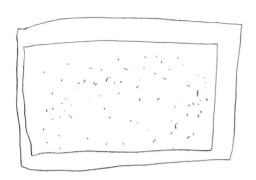

絵15

「アー　ボクノ　ジドウシャデ　アソンデルー……アー　ボクノ　ジドウシャデ　アソンデルー……」

　セラピストには「スナバホリホリ」の一連の絵と，けい君が最後に繰り返し言う「アー　ボクノ　ジドウシャデ　アソンデルー」ということばのつながりが全然結びつかなかった。しかし，その時こんな風に思った。この砂場の枠は，けい君が体験している"このセラピーの枠のよう"であると。決まった曜日決まった時間だけ会うというこの**セラピーの枠**の中でけい君が"何か"を体験しているみたい。そしてその枠の中でどうやら，けい君は"新しい何か"を始めたようだ，と。この，"何かの始まり"をけい君がこれからも連続性をもって体験できるように，この空間の恒常性と連続性を"どんなことがあっても守りたい"という"強い気持ち"がセラピストの中に起こった。

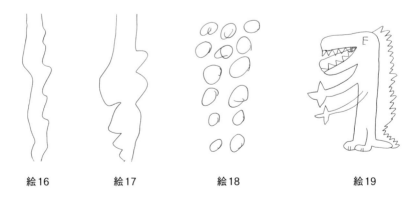

絵16　　　　　　絵17　　　　　　絵18　　　　　　絵19

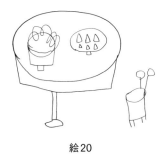

絵20

絵21

## セラピストの中に生じる“強い気持ち”について

　この“強い気持ち”は，子どもに限らず，大人のクライアントにおいても共通に，セラピストの中に生じるものだと思う。この気持ちへの気づきは，内的な注意を喚起し，逆転移を探索する糸口になる。セラピストがあるクライアントとの関係性において，ある段階で“強い気持ち”が生じるとき，いったいその関係性に何が起こっているのだろうか。そのことについてセラピストは自分の内面に向けて自省を促しておくことは，クライアント・セラピスト関係の理解を深める上で，そしてセラピストが“強い”逆転移に動かされすぎないようにするために，大事なことだと思う。

　クライアントといつもと同じ時間に，同じ場所で，そしていつも同じ姿勢で会い続ける，この“いつもの感じ”を越えて，どうしてもそのクライアントのために，この場を確保しなければという強い気持ちに突き動かされたとしたら……それは一体どこから来るのだろうか。不安定な環境に育ってきたクライアントの身の上への強い同一化が起こっているのだろうか。それとも保護者的な気持ちが動いているのだろうか。いや，それを越えて“このクライアントを救えるのは自分以外にはいない”というような救済者的な気持ちが高まっているのだろうか。あるいはセラピスト自身の生育歴上のなんらかの体験がそのクライアントとの交流の中で賦活されているのだろうか。

　このように自問自答しながら，セラピストは自分の中に生じている逆転移に常に目を向けていたい。そしてもう一方では，クライアントからどん

な転移が自分に向けられているのだろうかと考え，またクライアントの全体的な外的な状況も合わせて考える。そこで，もしセラピストが必要以上に"勇み足になっている"という気づきを得たら，さらに内省を深めていきたい。自分の心的状態について問いかけ続けることは，少なくとも，"行きすぎたひとりよがり"に気づく契機になる。このように自問するセラピストの内的な過程は，クライアントとの今後の関係性に生かされていくと思う。

## "強い思い"への気づき：注意信号

　この段階で，けい君との関係性においてセラピストは，"恒常性と連続性をどんなことがあっても守りたい"と感じた。このような強い気持ちがセラピストに生じたのは，"何か"を表現し始めたけい君の今後の変化に，たいへん強い期待が高まったためである。その思いを消すことはできないし，自分の中で無いことにして否認したら，かえってその不自然さは，気づかないうちにけい君との関係性に望ましくない形で反映される。

　セラピストはまず，その強い逆転移を心して自覚した。そしてけい君への強い期待，思いがさらに高まることが，この関係性の発展の弊害にならないように，どこかで注意しておく必要を感じた。

## 情動状態の通いあい：「コロコロコロ」

　さて，この第3セッションの終わり，お別れの際に，こんな交流が起こった。セラピストが来週の約束を確認するために，けい君に見えるようにカレンダーを向けて，再会の日を伝えているときのことである。けい君は例のゴム製のいちごを口につけたりしてさわっていた。ところが，何かの拍子にそのいちごが手から滑り落ちてフロアにころがっていった。その時に，セラピストが［ころころころ］とそのいちごが転がっていく様に，音をつけた。するとけい君はいちごを拾いにいきながら嬉しそうに**「クイッ」**という声を発して，セラピストと同じリズムで，何度も裏声で「コロコロ**コロ**コロコロ**コロ**」を繰り返した。セラピストの発した音とリズムに同調するようにけい君が「コロコロ**コロ**」を繰り返した時，セラピストは彼との間ではじめて，その時の情動状態を共有する体験を実感した。"お別れ"をめぐる **情動調律（affect attunement）"**

（参考文献3, 4）が経験されたのである。

　口から，そして手から，不意に離れていってしまういちごのころがる様(さま)に，音とリズムを乗せて［ころころ**ころ**］と尻上がりに歌うように，まずセラピストが声を発した。そのときの少し高い声とはずむリズムには，セラピストがその瞬間体験していた情動状態が微妙に組み込まれていた——それは，いちごが口元から，そして手からぽろりと落ちてしまった瞬間にセラピストが感じた，"あれ?!""おっこっちゃったね!!""びっくりしちゃったね"という気持ちと，自分から離れてころがっていくいちごに"あっ！　いっちゃうんだね""さよならだね"という，お別れに向けての情緒の組合せであった。つまりお別れの時間が近づいていることと，お気に入りのいちごが手元から離れていってしまう現象を重ねて，それらについての感情を明確化する言葉にしないで，その時生じた情動状態をリズムに乗せて伝えたのである。それが［ころころ**ころ**］になったのである。すると，けい君もそれを気に入って何度も同じ調子で，その「コロコロ**コロ**」を口にした。

　こうした，言葉を介さないで情動状態を共有するありかた，情動調律が起こって，そこに**生気情動**（vitality affect）（参考文献3）の豊かな通いあいを感じた。それと同時に，けい君の中に，セラピストと"ある情動状態"を共にする体験が初めて生まれたように感じた。


### 子どものセラピーのキーポイント

**情動状態を共有する体験：生気情動・情動調律**

　情動状態を理解し，共有するありかたには，大きく分類すると2種類ある。

　その一つは，今，自分がどんな気持ちかを，たとえば喜び，悲しみ，怒り，おそれ，不安，驚き，不快などの感情を表す言葉に置き換えて，相手に伝える"言葉"による交流である。

　もう一つは，言葉（の内容）を媒介としない情動状態の交流である。たとえば，いろいろな感情が入り交じって単に怒りとか不安など，感情を一つのカテゴリー化した言葉に置き換えることができないような情動がある。あるいは，自閉症の子どものように，他者とのコミュニケーションにおいて言葉を適切に用いることができない場合，意味をもった言葉を表出しな

くても，その行動やしぐさに現れる情動がある。また当然，言葉による交流が可能な関係性であっても，実際には言葉を越えて，実はたくさんの情動交流が行われている。話し方やそれに伴う表情が言葉の内容以上に多くのことを伝えている。

　そのように，ここでいう情動状態の共有とは，意味をもった言葉を介した交流とは異なるありかたによって得られる体験である。言葉の意味よりも，その言い方，しぐさ，動きも含めて言動全体に醸し出されるリズム，抑揚，調子，強さ，形などの"生気情動"を介した交流によって，共有される体験である。たとえば人は手足の動きや身振りで，その感情を「生き生きしている」とか「誇らしげである」，あるいは「うなだれている」「悲しみにうちひしがれている」など，見事に表現することができる。

　その際，相手の行動をまねる"単なる模倣"とは異なり，その行動の背後にある相手の内的な状態を反映して，違う行動様式で表現することによって，その情動状態を共有し共にある感覚を伝えあう情動交流のありかたを"情動調律"という。

　たとえば，生後9カ月の男の子の赤ちゃんがお気に入りのおもちゃを母親から手渡してもらって，興奮し，喜んで体を何度もジャンプさせる。すると母親は，その男の子の飛び跳ねる体の動きに「わー，わーあ，わーあ」と自然に声をあげて応答する。そのとき母親の発する声は，その子がジャンプしている間続き，その興奮と喜びの程度は，その子の興奮と喜びと同じ程度のものである。

　スターン（D. Stern：参考文献3, 4）は，母子間に見られる，こうした生気情動を共有する特徴的な情緒的相互交流のパターンを見いだし，これを情動調律と名づけた。

　この生気情動を介した情動調律は，母子関係に限らず，言葉による意味の伝達を越えて，大人同士の交流にも無限に生じている。したがって，クライアント・セラピスト関係をミクロに見ていこうとすれば，この情動調律の探索は相互の情動状態の繊細なかかわりあいをすくいとって，その交流のありかたや質についての理解を深める助けになる。

## "さよなら"に向けての準備：［ころころころ］の伴奏にのせて

　言葉による交流をもつことのできないけい君との間では，けい君のいちごを
めぐる［ころころ**ころ**］のリズムが二人の情動状態をつなぐ架け橋になった。

　そんな風に過ごしているうちに，終わりの時間が来てセラピストはそれを伝
えた。するとけい君は口につけていたいちごを，再びするりと落としてしまっ
た。そしてそのいちごを手で拾ってから，終わりを告げたセラピストの顔をしっ
かりと見た。それからけい君は，手にしたいちごを"ころころ"ころがしては，
それをまた自分の手の中におさめるという行為を何度もプレイフルに繰り返し
た。いちごの動きに乗せて，けい君の「コロコロ**コロ**コロコロコロ**コ ロ**コロコ
ロコロ**コロコロコロ**」が何度も繰り返された。

　このとき伝わってきたけい君の生気情動に，セラピストはこんな情動も含ま
れているように感じた。一つは，"え??!!　もう，終わりなの？""あれ??!!　ど
うしよ!!　ほんとに？""終わっちゃうの?!　やだよ!!　もうちょっと!!　ね!!!"
というような"終わり・お別れ"をめぐる情動。それから，その「コロコロ**コ
ロ**」のリズムに乗っていちごを追いかけていって，自分の手にいちごを再びお
さめられるけい君の期待に膨らむ"喜び"の情動。こうした情動が混ざり合っ
た状態に，二人の間で生まれた"ころころ**ころ**"が，とてもマッチしている
ように感じられた。

　最後にけい君がポーンと放り投げたいちごを今度は，セラピストが拾って，
テーブルの上に置いて［はい，また，来週ころころちゃんに会いましょう］と
伝えた。すると，この3回目のセッションで初めて，けい君はすんなりと楽に
終わることができた。セラピストの心には，この"いちごを手放してはまた手
にする"けい君の行為は，"分離と再会"のプレイのように映った。そしてそれ
を十分にプレイアウトしたらけい君はすーっと終わることができた。セラピス
トのつけた［ころころ**ころ**］のリズムと音に，喜んだけい君は，セラピスト
にお別れの伴奏をつけてもらって，"また来週までさようなら"の準備に向かえ
たようだった。

### "分離と再会"の遊び

　精神分析における遊びをめぐる象徴的な解釈の起源は，1920年にまで遡る。フロイト（S. Freud：参考文献9）は，1歳半になる孫のエルンスト坊やの遊びに興味をもった。母親がお出かけするとき，エルンスト君は，後追いもせずお行儀よく母親を送り出すことができた。その代わりに，ある行為をしきりに繰り返した。ひもを巻き付けた木製の糸巻きをベッドの下に巧みに投げ込んで，糸巻きが姿を消すと，エルンスト君は「いない！　いない！（fort, fort）」と叫んだ。それからひもを引き寄せて，糸巻きが再びベッドの下から出てくると，今度は，嬉しげに，「あった！（da）」という言葉で迎えた。フロイトは，この行為が「消滅と再現」を表す完全な"遊び"であることに気がついた。エルンスト君は**受け身**に体験した母親に置き去りにされる不快な体験や，自分を置き去りにした母親に対する復讐心を糸巻きを投げ捨てるという行為の中で**能動的**に体験し直していた。そして，その遊びの中で，母親との分離にまつわるさまざまな苦痛を昇華していた。エルンスト君は自分の手に届くものを使って，母親との"別れと再会"をこの"遊び"の中で演じていたのである。

　こうしてフロイトは，"遊び"に，**象徴的な意味**を見いだしたのである。それは，現実の生活で受け身に強いられる苦痛な体験を空想の中で能動的に演じ直すことによって，その心の苦痛を乗り越えようとする心の働きとしての"遊び"である。

## 再会への期待が"分離と再会"の遊びにあらわれる

　子どもとの心理療法の中で，私はどんなケースにおいてもほとんど必ず，この"分離と再会"の遊びのヴァリエーションに出会う。子どもが来週も会えると実感できたとき，または毎週のリズムを子どもがつかんだとセラピストが思えるようになったある段階で，その子どもがセッションの終わりと次の再会をめぐって，フロイトの見いだした"消滅と再現"や"いないいない・ばー"，つまり"分離と再会"をいろいろな形の遊びにして表すことを経験している。

　けい君の場合は，このいちごを手放してはまた自分の手の中におさめる行為が，二人のかかわりあいの中で，セラピストとの間における初めての"分離と

再会"をあらわす遊びになった。このけい君と共有した現象を，セラピストはある種の感動を抱きながら受けとめた。

**第4回**

## 波長の合うときが増えてくる

　第3回で，初めてけい君はお別れの際に激しい苦痛を感じずに終えられた。そして次の回を迎えた。その日，まだセラピストにはけい君の姿が見えないけれど，廊下の向こうから，声だけが響いてきて，その到着を知らせた。けい君は「ライオーンライオーンライオーンライオーンライオーンライオーンライオーン……」と歌うようにいいながら，近づいてきて，とうとう入り口のところに姿を見せた。

　部屋の中に入ると，けい君はしばらくぼんやりしていたかと思うと，突然何か意味のわからない言葉の切れ端を奇妙なイントネーションで繰り返したりした。たとえば，けい君は「リロリロリー」「ポッチノポッチノポッチノ」「ウワウワウワー」「**オトモノマンマデオトモノマンマデ**」というような語を独特な抑揚を伴って発する。あるいは，絵を描いては，ふっと手を止めて，やおらセラピストの顔を見る。そのように，突然セラピストを見るという振る舞いが，この回，目立って増えてきた。不意にこちらを見るけい君の視線を取りこぼさずに，セラピストはその視線を受けとめた印に，うなずき返す。すると，けい君がおだやかな表情で，セラピストのうなずきのゆっくりした動きと同じようなゆっくりの動きで，視線はセラピストに合わせたまま頭を横に大きく傾けたりする。こんなとき，二人の間に心地よい情動状態が共有されているようにセラピストには感じられた。またけい君は「**ライオンカクノー，ライオンカクノー**」と，尻上がりに繰り返した。そして手で宙に，ライオンの顔の輪郭を描いてから，"おひげ"をシューシューと，描いたようにセラピストに見えた。そのとき，セラピストが［うん！　おひげ］と応じると，ちょっとびっくりしたようにセラピストの方を振り向く。そして，セラピストがひげの線をまねして宙に，同じようにシューシューと描くと，一瞬うれしそうな顔をしてから，上半身をもそもそと楽しげに動かした。

　けい君がひとりの世界でぼんやりしていることは，なお続いていた。しかし，

二人の行動には，時折通いあいが生まれていることを，セラピストは実感した。とくに目が合ったときのけい君の顔や体の動きに，"二人の波長が合うときもある"という感覚をもつようになった。

## ♪ぞうさんの歌♪に含まれた "かあさん" という言葉

　こんな風に波長が合うような感じをもつ瞬間が何度かあったと，セラピストが感じてまもなくのことである。けい君は新しい画用紙を前に置いてから，セラピストの顔をしばしじっと見つめた。それから「アイヤナンナナナー」と言いながらけい君は，まず大きな耳を，そして次に長い鼻を描いたところで，日本の童謡の「ぞうさん」の歌（まどみちお作詞）を突然はっきりとした言葉で歌い始めた。

　♪ゾーウサン，ゾーウサン，オーハナガナガイノネ，ソー……カーンモ，ナーガイノヨー♪……ゾーウサン，ゾーウサン，オーハナガナガイノネ，ソーョ……カアサンモ……ナイノョ♪……ア，アーア……♪

　ゾーウサン，ゾーウサン，オーハナガナガイノネ，アーノネ……カアサンモ……ナーガイノョ♪

　ゾーウサン，ゾーウサン，オーハナガナガイノネ，ソーョ……カアサンモ……アーノネ，カアサンモ，スーキナノョー♪

　ゾーウサン，ゾーウサン，オーハナガナガイノネ，アーノネ，カアサンモ，スーキナノョー♪……と歌いながら，時間をかけてゆっくりゾウの絵を描きあげた。〈絵22〉

絵22

けい君は，最初は"かあさん"という言葉に詰まって口ごもったり，あるいは思わずなのか"かあさんも，ないのよ"と歌ったりした。しかし，しだいに"かあさん"という言葉が出ると，何度も何度も"かあさん・かあさん"と口にした。これがけい君の口から初めて聞いた"かあさん"という言葉だった。

## 「かあさん」をめぐる転移と逆転移

　この段階でけい君は，まだ母が亡くなったことについて，まったく説明を受けていなかった。また，それについて，けい君から尋ねることもなかったので，施設の職員も，父，祖父母も，けい君は母の死に対して何の反応も示さないでいると思い込んでいた。そんなけい君の中に，セラピストに対する**母親転移**を介して，"かあさん"という言葉が初めて生まれたのであろう。セラピストは，一心に歌う♪ぞうさんの歌♪に耳を傾け，前かがみになってゾウの絵を描いているけい君の小さな華奢な体を見守りながら，これまで母親のことを一度も口にしなかったけい君の"母を慕う気持ち"が，ひしひしと伝わってくるのを感じた。そしてこの"母を慕う"けい君の姿に，セラピストはとても揺り動かされた。このとき，けい君に対する逆転移が強烈に生じたのである [注5]。

## うつろなけい君に呼びかける

　ゾウのおかあさんを描き終わった後，けい君はうつろな表情で，視線も定まらず，しばらくぼんやりしていた。それからソファにねころがって，顔をソファの背もたれの中に埋めてしまう。時間が止まってしまったように空気も動かない。けい君は長いことそうしていた。そこで，セラピストはけい君の横たわった背中に向かって，呼びかけた。

　［けい君はどこに行っちゃったかなー……けい君はどこに行っちゃったかなー……いなくなっちゃったかなー……どこですかー？］と。すると，じっと動かないでいたけい君の足が，そろそろと動いた。それでもまだ顔を埋めたままのけい君に向かって［けい君はどこかなー？］とまた声をかけてみた。すると，モソモソと体全体が動き出し，とうとうけい君が顔をあげた。そのとき，セラ

---

［注5］初版執筆の際には，記述することにためらいがあったが，ぞうさんの歌の中で"かあさん"を何度も繰り返しながらぞうさんの絵を描くけい君のけなげな姿に，セラピストはその歌のリズムに合わせて静かに体を動かしつつ，目には大きな涙を浮かべていた。それほどセラピストの心は，深く動いていた。

ピストは［いましたー！］と，ひとりの世界に入ってしまったけい君と"再び会えた"という気持ちで，顔をあげたけい君を迎えた。

## 愛着と急ブレーキ

　それからまもなくしてのことである。ソファに座ってぼんやりしていたけい君が驚いたことに，健康な子どもがまるで"ママ"に話しかけるように，突然くるりとセラピストの方に体を向けて，顔をちょっと突き出すように声をかけてきたのである‼︎「ネエ，ネエ‼︎」と，それは何かよいことを伝えるような，弾んだ声だった。セラピストは，一瞬，会話ができる子どもといるような気持ちになった。そして，とても自然な感じで［なあに？……けい君？］とたずねた。するとけい君は突如，そっぽを向いて，それはそれは，鋭く「ヘーイ‼︎ダメー‼︎‼︎」とはっきりと拒絶するような大きな声を発した。それから「オホホンオホホンオホホンミヤーアアアアンアアアアン」というような声を不思議なリズムで繰り返した。

## セラピストに，そうっと頬をよせる

　それから少しして，けい君は画用紙に向かって，ライオンの絵を描き始めた。その途中でけい君は，何かよいことを思いついた！というように，顔をあげてにっこりした。そして，抜き足差し足という足取りで，そうっとそうっと，静かにゆっくりとセラピストの方へ近づいてきた。セラピストが［どうしたの？］と，静かに声をかける……やはりそうっとそうっと近づいてきたけい君は，壊れやすいものに触れるかのように，セラピストの左肩と左胸の間に，自分の左のほっぺを静かにそっとくっつけた。

## けい君の心の流れを想い返す

　この第4回に現れたけい君の心の流れをけい君自身に確かめる手段を残念ながらもっていない。こうしたとき，私は，そのセッションのことが心の中に蘇り，自然に何度も何度も思い返される時間をとりわけ大事にしている。そこでの自分の主観的な体験，想像をめぐらしながら，けい君の心と，そしてけい君の心に触発された自分の心の流れを再びここでたどってみたい。

　セラピストと過ごしているとき，けい君にはかつて過ごした母親との快い体験が蘇る瞬間があるのではないか。それが♪ぞうさんの歌♪になり，はじめて

「かあさん」という言葉を口にすることにつながったのかもしれない。その後しばらくけい君は，一人の世界の中にいったんはひきこもっていた。ところが，再びセラピストが自分の視野に入ると，彼と年格好の同じ健康な少年が愛着を向けている対象に甘えて話しかけるように，「ねえ，ねえ」と声をかけてきた。まるで何か，普通の日常的な会話が始まるような気配だった。ところがそう言った後すぐに，けい君は大きな声で「ダメー!!」と，叫んだ。それは，ものすごい勢いで，情緒的な近づきに急ブレーキをかけたように見えた。セラピストに対する甘えは，かけらすら感じることは許さないという強い制止が，けい君の中で急激に起こったように，セラピストには感じられた。

　けれども，ほんの少し経ってから，ライオンの絵を描いている途中でけい君は，何かよいことを思い出したように，しあわせそうなふんわりした笑みを浮かべてセラピストの方へそうっと近づいてきた。そしてほんの瞬間だったが，自分のほっぺをセラピストの体に静かにそっとくっつけてきた。けい君の中にほんわりとした親密さを求める情緒，身体的な接触を求める愛着の気持ちがやさしい形で蘇ったようにセラピストには感じられた。

## セラピストの情緒的耐性（トレランス）

　では，けい君のほっぺを体に感じた時のセラピストは，一体何を感じ，どう行動したか。

　セラピストの心の中は，実はとてもたいへんなことになっていた。そもそも，セラピストはこのセッションで，それより前の♪ぞうさんの歌♪の中の「かあさん」という，けい君の歌声の響きに心を深く動かされていた。セラピストに対して，けい君が初めて体全体で示した愛着の気持ちを受けとめ，そのまま抱っこしたいという思いが，セラピストの中でものすごく高まったのである。しかし，ほっぺをくっつけてきたけい君を抱きしめたい気持ちに，セラピストも猛烈な急ブレーキをかけた。

　それはなぜか。

　けい君の心の奥深くにある母を失った感覚は，抱っこという身体接触で癒すことはできない。あるいは，その感情を抱っこであやすことによって，ごまかすことはできない。その喪失の哀しみを，身体接触で和らげたり，癒すことがこの心理療法の目的ではない。むしろ，ここでもし何か目指すとすれば，それは，けい君ができる範囲でその喪失の現実，母にはもう会えないという現実を

受けとめ，母を失った哀しみを哀しみとして体験し，それを乗り越えていくことを助けることである。

　この時，セラピストがその瞬間の，"けい君を抱きしめたい"という自分の欲求を満たし自己満足を得てしまっていたら，あるいはそのまま抱きかかえることによってけい君の甘えを満たしてしまったら，けい君との心理療法は，心の体験を共有する道を閉ざし，抱っこ療法になりかわってしまったと思う。二人の間に身体的な密着ではなく，どうしても埋められない"ある心理的な空間"があるからこそ，そこに二人で共有できる"何か"意味をもった体験が生まれるのだと思う。言葉を用いることのできる子どもや大人の心理療法であれば，その二人の間に"ある意味をもった言葉"が生まれるかもしれない。けい君との間では，"何が"二人の間に生まれるのか，この段階ではセラピストにはわからなかった。

　しかし，少なくともその時，セラピストは行動による能動性を発揮することは控えて，けい君の愛着の気持ちを心理的に受けとめるにとどまった。

　しかしそこには，たいへんな忍耐が必要だった。


## 子どものセラピーのキーポイント

### 子どもとの身体接触

　身体接触を心理療法の手段としない基本的な姿勢は，子どもとのかかわりに限定されない，精神分析的な心理療法の本質である。そもそも，クライアント，セラピストがそれぞれに，それぞれを自分の欲求や願望を満たす対象にしてはならないという戒めは，精神分析における禁欲規則の中に含まれる，もっとも重要な約束ごとである（参考文献17）。このような厳しい"身体接触の禁忌"には，クライアントの心身を守ると同時に，セラピストを同じように守る意が含まれている。その原則に両者が共に従うことによって，心理療法の中で，クライアントとセラピストがそれぞれの役割を安心して遂行することが可能になる。そこにこそ，精神分析における治療的意義があると思う。

　精神分析におけるそのかかわりあいにおいて，基本的に身体接触は伴わない。セラピストは，クライアントのそのときどきの感情を読み取って，それを言葉で伝える。あるいはどんな情動状態がセラピストに伝わってい

るかを言葉ではない，体の動きや声のリズム，抑揚，強弱で，その情動に調律（attune）することによって伝える。しかし，体の触れあいによって満たしあう関係は，決してもたない。子どもの心理療法においてさえ，セラピストの方から手をつないだり，肩に手をかけることもしない。たとえ，セラピーの中でそのような形で心理的な安心や満足を与えたとしても，それはその場しのぎの，その瞬間しか得られない安心や満足に過ぎない。それに加えて，物理的な体の接触でクライアントの心身を満たすことによって，先に述べたような**悪性の退行**（51頁参照）を刺激してしまう可能性もある。そして，そのかかわりが，いたずらにクライアントの飽くなき欲求を刺激することになってしまったとしたら，決まった時間の中で行われ，一定の構造の中で維持されるセラピーは破綻の危機を免れない。

　クライアントとセラピストとの間に，なんとしても埋めることのできない間隙が厳然とある，そのこと自体が私たちが生きている現実でもある。二人の間に，どうしても越えることのできない境界があるからこそ，そこに二人にとって意味のある交流が生まれる。まさに，その現実と向かい合うところから，精神分析的なかかわりあいは生まれる。ぺったりとくっついてしまったら，言葉は必要なくなるし，お互いの心により近づこうとするかかわりあいへの努力は必要なくなってしまう。

　とくに子どもの場合は，子どもの年齢が小さければ小さいほど，その子どもにとって大人の膝に乗る，手をつなぐなどの行為は，日常的な場面で自然に受け入れられているものである。手をつないできたら，こちらの手を引っこめてそれを回避することはしないが，少なくともこちらから同じような力で手を握り返さない。膝に乗って抱っこを求めてきたら，即座に膝から降ろすことはしないまでも，安全な場所にそうっとさりげなく降ろす。つまり，強く拒否したり，あからさまに回避したりすることはしないが，積極的に応じることを慎重に控える。もちろん，どのような局面で子どもが手をつなぎたい，抱っこしてもらいたいという気持ちになったのか，その気持ちの流れに目を向ける。そして，言葉でその気持ちに応答しながら，一方ではある一定の**身体的な距離**をほどよく維持するのである。そのセラピストの微妙な距離の置き方に，たいていの子どもはセラピストと自分の特別な関係性を体で感じとるようである。神経症水準の子どもから，かなり深刻な病理をもつ子どもまで，そのセラピストの一貫した態度を共

通に感じとることを，私は今までの臨床経験から感じている。

## 身体接触がけい君にもたらすものは……

　頬をよせたけい君も，セラピストの応答の弱さ（反応の悪さ）を敏感に感じとったのだと思う。自分から静かにすーっと身を引いていった。もしここで，セラピストが自分自身の情動の動きに屈してそのままけい君をぎゅっと抱きしめたとしたら，その後，けい君はどうなっていたであろう。もしかしたらけい君は，その少し前，一瞬甘えた感じを表したすぐ後に「へーイ！　ダメー!!」と瞬時に気持ちを切り替えたように，セラピストに抱きとめられた途端，突然漠然とした不安か恐怖を感じてセラピストを強くはね返す，あるいは自分から咄嗟に逃げようとしただろうか。それともしばらく心地よく抱っこされるのに身をまかせただろうか。もし，愛着を向けた対象が突然いなくなる不安が母親転移の中で瞬時に感じられたとしたら，自分を抱きとめるセラピストは，再びけい君を"喪失の奈落"に突き落とす怖い対象と体験されたかもしれない。あるいは，セラピストとの間で密着する身体感覚は，母親との甘美な身体接触を感覚的に思い起こさせて，毎回，そしてもっと濃厚な密着を求める方向に向かったかもしれない。さらに，それはセラピストと会えないときには，感覚の中にひきこもって快感を再び得ようとする自慰行為にもつながったかもしれない。

## 面接場面と現実場面の照合

　このセッションの後に，主治医を通して，けい君の"甘え"に関する祖母の情報が入ってきた。けい君の施設暮らしはまだ続いていたが，週末だけは祖父母の家でお世話してもらっていた。この頃のけい君は，祖母のところに1泊するときに，祖母と自分の布団をわざわざ遠くに引き離して寝ていた。

　セラピストはいつも，セッションの中に見られるけい君の振る舞いと，面接室の外の普段のけい君についての情報を照らし合わせて，けい君全体を理解しようとしている。この祖母の情報からは，けい君が自分の中に生じる愛着・甘えを心理的にも身体的にも対象に向けないようにしていることがうかがえる。やはり，けい君はいったんそうした気持ちを誰かに向けてしまうと，突然母親を失ったときのようなおそろしい体験をするのではないかとおそれているのだろうか……そんな経験を二度としたくないという気持ちがあるから，頑なに愛

情の対象から距離を取ろうとしているのだろうか……と，セラピストはけい君が表さない奥にある気持ちのことを考えていた。

<table>
<tr><td></td><td>第5回</td><td></td></tr>
</table>

### なくしたものを探す「スナバホリホリ!!」だった！

このセッションのはじめ，いつものような画用紙いっぱいのライオンを描いたりした後に，けい君は再び「スナバ」のお絵描きを始めた。

> 「スナバホリホリ!!……キョロキョロキョロキョロ……ノンタンキョ
> ロキョロキョロ……キョロキョロキョロキョロ……ノンタンキョロキョロ
> キョロキョロキョロキョロキョロキョロ……」

この「スナバホリホリ!!」がいったい何をあらわしているのか，けい君の繰り返す言葉と一連の絵がどうつながるのかが，この頃，ようやくセラピストにわかることになる。祖母が「けい君が気に入って一人で見ている」という幼児用のアニメのビデオテープをセラピストに貸してくださったからである。そのビデオテープには，「ノンタン」という猫の男の子が主人公の，短いストーリーがぎっしり詰まっていた。けい君を理解する手がかりになるのでは，とセラピストは何十話もあるストーリーを次々に見ていった。

そこでとうとう，けい君の「スナバホリホリ!!」を見つけた！　セラピストはたいへん驚いた。けい君が描いた一連の絵──細い道，○○（石ころ）がたくさん，恐竜（の化石），ご飯，自動車──**〈絵16〜21〉**（54〜55頁参照）と，それを描きながら繰り返したせりふは，その「すなばほりほり」という題のストーリーの流れの再現だったのである。

それは砂場で遊んでいたノンタンがふと考えるところから始まる。自分が大事にしていた自動車のおもちゃをこの砂場の中でなくしてしまった。一体あのぼくの自動車はどこにあるのだろう……そして，砂場を掘ることを思いつく。やはり同じようにおもちゃを砂場でなくしたと思う友達と協力して，砂場を奥深くどんどん掘って探しにいく。すると最後にモグラの家族が幸せそうにご飯を食べている一家団らんに，ノンタンは遭遇する。そしてモグラの赤ちゃんが

まさにノンタンの探していた自動車で遊んでいて，思わず「あー，ぼくの自動車であそんでるー」という声をもらす。そして最後に「どうしようかー」という困惑顔でストーリーは終わる。

　ノンタンシリーズのたくさんのストーリーの中から，"なくした大事なものを探す"テーマをけい君が選んで，このセラピーの場面で再現しているということを知ったセラピストはたいへんな衝撃を受けた。セラピストとの関係性の中で，失った母親についてそれまで何も反応しないかに見えていたけい君に，大切な母のこと，温かい家庭の記憶が蘇ったようだった。そして失った大切なものを探し求める気持ちがこのセラピーの場面で芽生えたように思った。

　前回の第4回では，その流れの中で，♪ぞうさんのかあさんの歌♪も歌われたのだと改めて思った。

## 幸せが突然の破壊に

　さてこの第5回で，「スナバホリホリ」の再現が一段落してからのことである。

　けい君は，以前ライオンの絵をセラピストに求めたように，今度は「ゾウサン」の絵をセラピストに求めた。そこでセラピストが"ぞうさん"を描いていると，それを幸せそうな表情で見守っているように見えたけい君がいきなり，思いもかけないことをした。

　何の前触れもなく，けい君は突然，無表情になって左手で目の前のテーブルの上にいつものように置いてあった，ドールハウスを，激しい音と共に勢いよく払い落としたのである。

　そのようにハウスを残酷にも床に払い落としてしまったその瞬間，けい君の全身の動きは，凍り付いたように止まってしまった。ハウスを払い落としたままのこぶしの手を宙に浮かせて，目は堅く閉じて固まってしまった。けい君自身もその突然の大きな音に驚いたのであろうか。セラピストは突然の激しい音とその振る舞いに，何が起きたのかすぐには理解ができなかった。それからまもなくしてけい君は，やはりそのままの格好ではあったが，目だけ開けて落ちたハウスとハウスの中から飛び出して散らばった人形や動物をじっと見つめた。けい君の破壊的な激しい行為にセラピストは，一瞬言葉を失ってしまったが，ようやくして［みーんな，おっこっちゃったねー］と，固まっているけい君に声をかけた。けい君は「ターナー」とつぶやくように言ってから，落ちたハウスとばらばらに飛び散った人形たちのことを，まだじっと見つめた。

## 「タスケテ」と避難したけれど，逆さまになる

　しばらくして，ようやくセラピストの方に体を少し動かしたけい君に，セラピストは語りかけた。[おうちの中の子たち，大丈夫かな，けい君？]……するとけい君はまた，ふり返って落ちたものを見る……[（人形や動物たち）どうしてる？]と，たずねると，やはり黙ったままずっと見ている……[けい君もびっくりした？]とたずねると，やや突拍子もない声で，「**ビックリシ*タネー***」[びっくりしたねー……先生もびっくりしちゃった……りすさんたちもびっくりしたかなー]「ニャニャ」という言葉をもらしながら，やはり見つめていたけい君はフロアからソファによじ登った。その時，「アーイーン，ア，ア，アアア……タタタタ，タス*テ*，タス*ケテ*……」と言う声が聞こえてきた。そうして登ったソファの高い位置から，やはりフロアに散在したものを見ている。まるで，自分だけ"助けて！"とソファの上に避難したものの，なおも心残りがあって視線は落ちた残骸（？）に釘付けになっているかのようであった。

　それから，けい君はソファに顔を埋めて動かなくなってしまった。セラピストの呼びかけ，[けい君，どこにいっちゃったかなー？……けい君？……]という声が耳に届いたのか，けい君は顔を起こし，指を口にくわえて体を横にした。そしてその格好がだんだんに傾いて頭が下になって，今にも頭がフロアにつきそうな不安定な逆さまの格好になった。その体勢は，フロアの上で逆さまになったハウスと相似形のようだった。ひっくり返ったハウスと，逆さまになったけい君がセラピストの目の中に同時に入ってきた。その時，セラピストは突然ひっくり返って世界が変わってしまうように，5回会ってきたこの面接場面が次回には突如ひっくり返ってしまって，自分が投げ出されてしまう恐ろしい体験をけい君が体で表しているように直観した。

## "これからも会っていくこと"を再び伝えると，人形たちを助ける

　そんな不安をけい君が体で感じていると思ったセラピストは，これからも毎週，継続してけい君と会っていくことをはっきりと伝えた。[けい君，今までね，今日で5回会ってきてね，これからもこんな風に会って……]と言いかけたところで，けい君の逆さまの体勢が戻った。セラピストはその動きにほっとして，さらに続けた。[こんな風に会って，もっとけい君のことがわかったらいいなあと思っているんだ……こんな風にいつも来られるかなー……1週間に1回，来られるかなー？……]

このセラピストの問いかけに対するけい君の応答はなかったが，静かにしば
しソファに座っていたけい君は，急に「**ズーイズイ**」と言いながら，いきい
きとした表情を浮かべてセラピストの方に体をくるりと向けた。

　それからまもなくして，けい君は「アアアア，アア，ア，アア，ンーンー
ンンンーンン」と歌うように言いながら，フロアに散らばっている動物や人
形，家具を一つ一つ，ポンポンと，自分が避難した（？）ソファの上に避難さ
せるように（？），どんどん上げていった。そしてハウス以外のものを全部ソ
ファの上に載せた。

## 心の変化の読みとりとかかわり

　この第5回をふり返ると……ゾウサンをセラピストに描いてもらうことを頼
んで，幸せそうに，その描く手を見ていたかに思えたけい君が，突然ハウスを
払い落とした……この変貌ぶりは，彼が経験してきた人生そのもののようにセ
ラピストには実感された。この行為は，家庭崩壊をめぐる心の傷の繰り返しの
ようにセラピストには感じられたのである。そして幸せが突然暴力的に打ち壊
された時の呆然自失の状態が，しばし体が固まってしまって動けなくなったけ
い君に現れたように思った。

　そこで，セラピストは“これからもけい君と会っていく”というメッセージ
をけい君に改めて伝えた。そのかかわりは，セラピストとの関係は“突然の終
わり”によって破壊的に訪れるのではないということを，けい君に伝え確認す
る意味があった。そしてまた，これから毎週会ってけい君のことをもっとわか
りたいと思っているとセラピストは伝えた。するとその後に，けい君はフロア
に落ちて散らばった人形，動物，家具などをすべて，一つずつ拾い上げていっ
た。けい君が突き落としてバラバラになった一つ一つの小さな物は，けい君の
バラバラに散らばっている心の断片のように感じられた。しかし，“けい君と今
後も会い続け，けい君のことをもっとわかりたい”というセラピストからの語
りかけは，その一つ一つの心のかけらをまるで拾い集めるような，けい君のそ
の直後の行動につながったように思えた。

　なおハウスは最後まで落としたままの逆さまの状態であった。それは施設暮
らしを余儀なくされているけい君にとって，父母と共に過ごしたかつての家庭
は，ひっくり返ったままの状態であるのと重なるようであった。

## 第4回から第5回の流れをたどる

　セラピストは第4回から第5回に一つの流れを読み取っていた。かつて家庭環境の突然の破壊が何度となく訪れたように，けい君がせっかく愛着を感じるようになったこのセラピーの場面も突然失ってしまう不安を抱いたのではないか。心の中にお母さんのことが思い出され，そして目の前のセラピストに，お母さんイメージの「ゾウサン」の絵を描いてもらう……もしかしたらそのような幸せを感じることそのものが，けい君の中に，破壊的な恐怖を呼び起こすのではないか。今まで突然自分の家がなくなったり，お母さんがいなくなったりという深刻な心の傷を受けてきたけい君は，幸せは"破壊や恐ろしい不安に直結するもの"と，体の感覚で覚えてしまったのかもしれない。そんな風にけい君の身の上とそれにまつわる体験にセラピストは思いをめぐらした。

# 臨床的理解と方針
## 発達的観点に基づいたアセスメント


## 診断をめぐって

けい君は，すでに3〜4歳の頃に3人の児童精神科医から自閉症と診断されていた。確かに，その了解しがたい言動や感情交流のもてなさ，そして言語能力の乏しさには深刻なものがある。たとえば，周囲に関心をもたずほとんどの時間，外界を遮断して過ごしていることや，人との情緒的なかかわりあいをまったくもたないままに言葉の断片を繰り返したり唐突に大きな奇声をあげたり，また激しく手をひらひらとさせたり，突然ジャンプして止まらなくなるなど，"自閉症"の特徴として挙げられるような奇妙な言動が顕著に認められる。

年齢が7歳であるけい君は，その外見は3〜4歳にしか見えず，体の発達にも著しい遅れがある。

しかしセッションの中では，その診断を疑いたくなるような，「情緒的なコンタクトがもてた！」と思える瞬間がある。そして何よりもけい君の表現する世界，たとえば，描かれる絵やなんらかの情動が伝わってくる発声や断片的な言葉は，ある意味でとても豊かである。

以上のことから，"自閉症"という障害は乗り越えられないにしても，けい君のあらわすさまざまな表現を糸口に，その情緒の現れを細かく読みとっていくことが，けい君の感情を伴った交流の発露につながるのではないかとセラピストは思った。そしていずれは断片的な言葉に情緒が付与され，そこに意味が生まれることの可能性を夢想した。


## セッションの記述の限界

ここで，5回のセッションから得た理解をまとめ，今後の具体的な心理療法の方針を考察するにあたって，けい君との交流の記録をもとに第1・2章に記載

した5セッションの記述について，改めて言及しておきたい。

第1回から第5回までに取り上げた，けい君をめぐる記述はかなり限定されたものになっている。実はそれらの記述は，セラピストがセッションの後にけい君について鮮明に思い出せたものか，けい君から何かが読みとれたと実感できた部分に限られている。つまりセラピストの心が動いた部分が主になっている。その観点から抜粋され，時系列的にピックアップされたけい君の言動は，読者の心の目にとてもいきいきと映し出されるかもしれない。

しかし実際には，何のコンタクトももてないままけい君といる時間の方がずっと長い。50分間のセッションのうち，情緒が通いあったと思えるような交流は，断片的な短い時間に限られている。その他の時間，けい君はぼんやりしてねころがっている。あるいはこちらからはコンタクトが取れないような，また意味が読み取れないような，体の動きや不思議な発声を繰り返したりして過ごしている。

### 子どものセラピーのキーポイント

#### セラピーの記録

50分間のセラピーで生じたことのうち，光を当てることができるのは，そのセッションを終えた後に，セラピストがなんらかの実感を伴って思い起こせる部分でしかない。そして，そのような形で毎回残されていく記録の積み重ねが，セラピーの中で生起するさまざまなできごとを意味づけていく。セラピストの主観的体験に基づいて記述されながらも，"事実"として残っていくその記録は，その後のセラピーの展開を大きく決定づける可能性を含んでいる。この，記録の"事実性"の，臨床的な重みは大きい。この事実を受けとめた上で，クライアントとの関係性の中で，自分なりの読みとりやとらえ方を絶えずチェックしながら形に残していく作業は，臨床におけるとても重要な営みの一つであると思う。

記録を残す際，セラピーの中で起こった事実を単に時系列的に並べて書いていっても，そこに臨床的な意義を見いだすことはできない。たとえ思い出せることが限られているとしても，その現象をめぐって考え，感じたことをできるだけその時点で言葉にして残しておいてこそ，その後のセラピーに生かせる価値が生まれる。たとえば，セッションの中で生じた現象がセラピ

ストの心に残って，それを面接後に記載しようとするとき，一方では，その現象の背景にあるクライアントの心のありように思いをめぐらす。同時に他方では，その時その現象をセラピストはどのように体験したか，細やかに思い起こしていく。さらにセッションのどういう流れの中で，二人の間にどうしてそのような現象が生まれたのか，できるだけ二人の関係性に注目しながら，その時点におけるセラピストの体験も言葉にしておく。

　こうした作業を丹念にしておくと，記録を絶えず読み返さなくても，そのとき考えたり感じたことが，その後のセラピーの経過の中で折に触れセラピストの心に浮かんでくる。それを引き金にして，セラピストの心の中で，クライアント理解に向けての臨床的な対話が生まれる。

　このように，面接後の記録は，セラピストの主観的な体験に基づく，クライアントとのもう一つの内的なかかわりあいである。その作業は，目の前のクライアントに専心しているときより，さらに深いところでクライアントとのダイナミックな関係性を理解する可能性を秘めている。記録を書くことによってクライアントとの内的なかかわりあいを続けるセラピストの営みは，その後の臨床場面でのクライアントとの関係性に反映される。その意味では，セラピストの残す面接記録は，クライアント・セラピスト関係に対する理解を深めるための貴重な資料である。

## ビデオによる記録が加わる

　けい君の症例ではビデオによる記録も同時に行われていた[注6]。

　したがって，けい君のセラピーの記録は2種類になったが，私はビデオによ

[注6]　現代精神分析における乳幼児研究に基づいた精神療法では，ビデオを導入しそこで得られた臨床過程に関する知見を積極的に治療に生かしている。その観点から，私はけい君の症例においてビデオによる記録を導入した。保護者には，けい君とセラピストの関係性の理解を深め，セラピーに役立てるためにビデオを用いたい旨を伝え，それについての了承を得ることができた。クライアントであるけい君からも，ビデオ導入に関する了承を得たかったが，セラピストのどんな言葉も届かなかった最初の段階において，それは困難であった。乳幼児や発達障害をもった子どもは，心理療法の状況を理解し，さらにビデオ使用に関する判断を自分で行うことは難しい。そうした場合には，保護者の承諾を得ることにとどまらざるを得ない。けい君の場合は，その後の経過の中で自分からビデオに関心を示したときに，改めてその使用目的を伝える機会を得た。

る記録起こしの前に，まずビデオに頼らないで，セッションのすぐ後に，自分の記憶に基づいて記録を取った。というのは，面接の直後にクライアントとの関係性を"内的に思い起こす"セラピストの心理状態が，ビデオの再生を"外側から見る"ことによって，二人の関係性を距離をもって見る心理的スタンスへとおのずと変わってしまうことを怖れたからである。そうした"外側からの観察的な視点"を最初にもちこまないようにするために，ビデオで第三者的にセッションを眺める前に，セラピストが思い出せることをまず記録として残した。その記録を後でビデオ記録と照合すると，いろいろな気づきが得られることを他のケースにおいても，私は経験している。

　たとえば，けい君との交流で，セラピストはその場ではまったく意識していなかったが，いつもより能動的にけい君にかかわりすぎていたことに，ビデオの再生によって後で気づかされることがあった。また記録に書き留めた主観的な思いこみや思い違いが，やはりビデオによって後で修正されることがあった。その際，記憶として残っていた思い違いとビデオによって再生された事実との"ずれ"を考えることが，逆転移に気づくきっかけにもなった。

　ビデオによる記録は，いつも次の再会までに起こしていたので，セッション後の記録とそのビデオ記録の両方を踏まえて，セラピストは毎回けい君を迎えるというリズムになっていた。なお，ビデオを再生して二人の言動をすべて記録として起こす作業は，実際には50分のセッションに3時間から4時間あまりの時間を要した。

## 現時点での理解と方針

　けい君との5回にわたるセッション後，その後のセラピーの方針を決めるにあたって，まず以上に述べたセラピストによる"ある意味で主観的な記録"と，ビデオによる"より客観的な記録"をふり返った。その上で，主治医の保護者面接から得られた情報と照合し，今後の方針について主治医と検討した。

　まず，はじめの段階からテーマになっていた"けい君はこの心理療法の構造におさまるだろうか"という問題が検討された。それに関しては，5回を経てきてけい君は同じ部屋で決まった時間，二人で共にいるということが，どうやら可能だという判断が得られた。決まった時間に終わることへの凄まじい抵抗は，とくに3回目以降のけい君の終わり方から，それ以上激しく繰り返されたり，ヒートアップする恐れはないと判断された。

だが，けい君が最初に表した終わりへの強烈な抵抗は，セラピストにあまりに衝撃的だった。その時セラピストには，「別れは絶望を意味する」ほど，けい君にとって痛ましい体験であることが伝わってきた。一時的な分離であっても，それを，再会の期待がもてない喪失として，けい君は幼い頃から身をもって体験していた。そんなけい君はセッションの終わりに身を引き裂かれるように絶叫の声をあげたり，人形や動物などの遊具を全部持ち帰ろうとした。

　そこでセラピストは次のような目標を描いた。
　まず，"週に1回の分離と再会"を繰り返しながら，一貫した恒常性のある安全な心理療法の空間が経験される中で，けい君の心に"再会に期待を抱ける"体験が育まれること，そしてその過程で"連続性と恒常性"の感覚が実感されるようになることを一つの目標とした。
　それからセラピストは，もう一つの目標を希望的に抱いた。けい君は何度かにわたって「スナバホリホリ」の中で，"なくした大事なものを探す"という幼児用ビデオのストーリーを再現した。また，会えなくなった母親について何も反応しないかに見えていたけい君が，第4回では「かあさん……かあさん……」と何度も歌った。これらのことからセラピストは，母親喪失をめぐるモーニングのテーマを思い描いたのである。セラピストとの関係性の中でけい君の心に蘇ってきた母への思慕の情，そして失った母へのモーニングが，けい君の心の中でけい君にとって自然な形で体験され，受けとめられ，やがて内面化されていくことを，さらなる目標に置くことにした。
　また，この心理療法においてそうした"けい君らしい心の発達"のプロセスを支えるのは，セラピストと情緒が共有される瞬間，共にあるというその実感の積み重ねであるとセラピストは考えた。

## 子どものセラピーのキーポイント

### 発達的視点をもったアセスメント

　子どもは心身の発達のプロセスの"真っただ中"にいる。子どもの現在の状態を理解して今後の見通しを立てる際，大人の心理療法におけるアセスメントと異なるのは，そうした発達的視点をもつことである。大人と違って子どもは，発達に向かう限りない可能性を内在している。それゆえに豊

かな可塑性を有する"臨床対象"である。

　そのような発達的観点から，子どものアセスメントでは少なくとも以下のことを念頭に置きたい。

　第一に，子どもが呈している症状，問題が，それぞれの年齢にふさわしい発達上の課題との関連で生じているかを考慮する。つまり，それは発達の途上で起こったつまずきの範囲であるのかどうかをまず見極めることが重要である。発達上のテーマであるなら，それは，子どもの内部で成熟する力と環境との軋轢によって生じた発達上の葛藤に由来すると考えられる。そのような場合には，その子どもを養育している両親の実際のかかわりが大きく関与してくることにもなる。

　たとえば，その子どもの弟や妹の誕生を引き金に，母親の愛情をめぐるきょうだい葛藤が生じて情緒的に不安定になったり，赤ちゃん返りしたり，急に扱いにくい子どもになったとか，あるいはトイレット・トレーニングのつまずきや母親から離れて集団行動に入ることへの失敗を契機に，焦る母親との間で不安になった子どもがそれ以前の発達の状態に逆戻りしているなどの場合である。

　そうした発達上のテーマが読み取れる場合には，むしろ子ども自身にかかわるよりも，養育者（母親）をサポートすることによって，間接的に子どもの心身の状態の回復を目指す方法もある。子どもに発達上生じている心理的状況を両親が理解して，安定した父母の役割を果たすことができれば，子どもにも再び内的な安定が戻ることが期待される。

　第二に，もしその子どもの状態が，発達上の葛藤的な問題の領域を越えているなら，両親にかかわることによって対処するだけではおさまらない場合もある。その際，そうした状態を引き起こした要因として，外的なものと内的なものが考えられる。

　外的な要因によるものとは，外傷的な環境にさらされたことによって心に傷を残している状態である。たとえば甚大な災害やさまざまな虐待を被ったことによる外傷体験が，その子どもに深刻な発達の阻害をもたらしている場合である。

　内的な要因によるものとは，その子どもにすでに堅固になっているパー

ソナリティ傾向もあいまって，神経症的なあらわれを呈していると考えられる場合である。たとえば，自己愛的なパーソナリティをもっている子どもが，さまざまな身体的な訴えを理由に，学校へ行くことを拒否しているとか，強迫的なパーソナリティの子どもが普段は従順でおとなしいのに，激しい癇癪をいったん起こすとなかなかおさまらないなど，その子ども自身の内的な問題が露呈している状態である。

　このように，子どもに現れている問題，状態が，発達上のテーマの範囲を大きく超えた場合には，子ども自身にかかわることをメインにして，それと並行して，できれば他のスタッフが保護者にかかわることが望ましいと思う。その場合，順調な発達に向かうルートから逸脱して一時的に発達が阻害されている子どもが，発達の軌道に再び戻ってその子どもらしい発達に向けて歩み出すことを助けることが，子ども並びに保護者へのかかわりの目標となる。

　しかし第三に，その子どもが器質的な病理や，発達障害をもっていると考えられる場合，その子どもおよび子どもの養育者にとって，どのようなかかわりがよりふさわしいか，個々のケースのニードに応じて目標を細かく吟味し設定する必要がある。場合によっては，そもそも内的なテーマに重点を置く心理療法が，その子どもと家族にとって，意味のあるものなのかについて考慮する必要も生じる。その際，精神分析的な心理療法よりも，むしろ教育的配慮のもとで学習効果が確実に得られる行動療法的なかかわりの方が望ましいと判断される場合もあるかもしれない。

　第四に，器質的な病理や発達障害があるために，それに付随して二次的な問題が生じる場合がある。たとえば，その障害のことで周囲からいじめを受けることによって，心に傷を負い，集団場面への恐怖感，不適応感がさらに高まる。あるいは，その子どもの養育上の困難さから家族内のバランスが崩れ，離婚などの家庭破綻を引き起こすこともある。その結果子どもが受ける傷は深い。

　心理療法によって，器質的な病理や発達障害そのものを治療したり改善することは困難である。しかし，そうした限界を踏まえていれば，その二次的な問題によって生じた不適応感，傷つき，恐怖感などの内的なテーマ

に関して，心理療法的なアプローチの可能性は見いだせると思う。

　第三，第四の場合において私たちは，常に発達的視点を踏まえて，その子どもが困難を抱えながらもその子どもらしく成長するのを共にすることで，その子どもに応じたかかわりあいを模索し続けることになる。

---

# 第4章
# 心理療法の展開
## 関係性の中に読みとる心の流れ

　第5回までを一つの区切りとして，第3章でけい君との心理療法の方針を述べた。

　この章では，その後の4カ月間，第6回から第16回の流れをたどりたい。なお，キャンセルは，セッションの回数に入れていない。

第6・7回

### 一段落した「スナバホリホリ」

　「スナバホリホリ」の再現は，第3回以降ずっと続いていた。セラピストは，祖母から借りた幼児用のビデオ「すなばほりほり」に実際に出会って以来，その再現には，いったいどんな意味が託されているのかを考えていた。そして第3章で述べたようなセラピストなりの理解を深めていった。

　そこで，「スナバホリホリ」を始めたけい君に［けい君の大事なものもなくなっちゃったかなー］とか，［一緒にほりほりしてみようか］と，語りかけた。それは，けい君が大事なものを失った現実をここで一緒に受けとめていこうという思いを抱きながらのかかわりであった。

　そのような言葉かけをした第7回を最後に，それ以降，けい君は「スナバホリホリ」の再現をしなくなった。

## 反復される行為

　セラピーの場面で，子どもが同じことを何度も何度も繰り返すときがある。ある行為が同じように判で押したように反復されることについて，一般的にはこんな風に考えられている。子どもがある行為に託している気持ちを咀嚼することができない，または昇華することができない時に，その行為は反復される。あるいはまた，セラピストに十分にわかってもらえないときに，その反復はおさまらない。そもそも子どもは，受け入れがたい体験，感情をある行為や遊びに置き換えて表現していることを自分では意識していない。治療的かかわりあいのプロセスの中で，セラピストはそうした行為や遊びに置き換えられた（子どもが自分の心の中におさめにくい）体験や情緒についての理解を深めていく。そしてそれらの行為と，そこから伝わってくる体験の意味や情緒体験をつなげて，子どもにわかりやすい言葉にして伝える。その言葉が子どもの心の中である意味をもって体験されたとき，自然にその反復はおさまっていく。しかし，もしセラピストの伝えたことがずれていたとしたら，あるいは伝わらなかったら，その行為は子どもの気が済むまで，一見淡々と反復されていく。

## セラピストからの言葉かけ

　セラピストは，クライアントが体験していることを想像しながら，その体験に近い言葉を探す。実際に私は，自分の理解を押しつける形ではなく，むしろ［……かな］という問いかけの形で言葉にして伝えることが多い。それは，どのような年齢，病態の子どもであってもかわることはない。断定しないでたずねるような言葉かけは子どもの体験を尊重し，その体験の主体はその子ども自身にあるという基本的な姿勢に裏打ちされた語りかけである。

　そして，こちらからの言葉かけに対して，いつでも子どもが"NO"と言えるような雰囲気で伝えることを心がける。つまりセラピストの言葉が決定的な力をもっているのではなく，どんなときでも子どもが"違うよ"と言えるような自由度を体験できるような関係性の中で，セラピストからの言

葉かけが行われることが望ましい。その際，セラピストの介入が邪魔になって，子どもの表現の流れが途絶えることがないように，またセラピストが無理に言葉を探して知的なかかわりが優勢にならないように配慮しながら，子どもの気持ちに添って，自然に伝えられそうだと思った瞬間を大切にしたい。

　いずれにしても，セラピストが伝える言葉は，一つの仮説を提示したに過ぎないという感覚を，セラピストはいつも自覚しておきたい。

---

### なおも続く"ハウスをひっくり返す"行為

　また，第6・7回では，突然ハウスを落とすことも続いた。そういうときには，［いっぱいお引っ越ししたり，おうちが変わったものね，そんなにおうちが変わったらいやだよーって思ったかな］と，セラピストは声をかけた。このように，セラピー場面でけい君が表した行為に対して，セラピストは，けい君が現実に体験したことと，それによって生じたかもしれないと思われるけい君の気持ちをつなげて言葉にしてかかわった。

　しかし，そうしたセラピストの語りかけでは，この"反復される行為"はおさまらなかった。現実のけい君は，"ぼくの家"を未だにもてないまま，施設での仮の生活を続けていた。その現実は，けい君に重くのしかかっていたのだと思う。ハウスを払い落としてひっくり返ったままにして帰るけい君から，"ぼくの家（家庭）は，ひっくりかえっちゃったままだよ"というメッセージをセラピストは受けとめていた。またセラピストは，けい君がハウスを落としたときに，それをすぐにテーブルの上の元の位置に置き直すという行為は控えた。むしろハウスを落とすけい君の，その行為の行方を見守る姿勢を取った。ただし，次の回に再会するときは，いつもの場所に同じようにハウスを置いて，けい君を迎えた。

### 終わりに際しての行為

　いつもセッションの終わりを迎えるにあたって，セラピストは終わりの時間の5分前になると，けい君に終わりの時間が近づいたことを伝えた。そしてその後に必ず，［また来週会いましょう］という言葉を添えていた。

　第7回でも，いつものように終わりの時間が近づいたことをけい君に伝えた。

そして［来週会いましょう］という言葉とともに，いつものようにセラピストはカレンダーを手に取った。そして来週会うことになっているカレンダーの日付けに○をつけて，再会の日をけい君に確認しようとした。するとけい君は，それまで関心を示すことのなかったカレンダーをセラピストの手から取って，それを抱え込むように独占してしまった。カレンダーを独り占めにして，いったいけい君は何をしているのか……しばらくしてからのぞき込んでみてわかった。けい君は今月のカレンダーの日付に全部○をつけていたのだ！

　その行為は，一方ではけい君の一つの固執性のあらわれとも受け取れる。どの数字にもまんべんなく同じように機械的に○をつけているのだと見なせば，それは自閉症の特徴に挙げられる固執性と言えるかもしれない。しかし，このときセラピストは，むしろ来週の予定日に付けられた一つの○では満足せずに，"明日もあさっても，ずっと○だよ……いつも来るんだから！"という気持ちのあらわれの方をより強く感じていた。

　そうして，けい君はカレンダーにたくさんの○を残して帰っていった。セラピールームに残されたそのカレンダーを片づける際，カレンダーいっぱいの○印を改めて見て，セラピストは，この○印のようにいつもけい君と会いたい気持ちが自分の中に生じていることに気がついた。

## 子どものセラピーのキーポイント

### 終わりの迎え方

　子どもの面接では，終わりの時間が近づいてきたときに，子どもが終わりの準備に入れるような工夫が必要だと思う。もっとも面接を重ねるうちに，しだいに子どもの中に時間感覚が育まれていく場合が多く，その時点ではもう必要なくなるかかわりかもしれない。しかし，少なくとも"決まった時間で区切る"という，人との関係の持ち方に慣れるまで，私は，終了時間の5分から10分前に声をかけるようにしている。たとえば，［あと5分（10分）で終わりになるね］［そろそろ終わりの時間が近づいてきたね］と，伝えることによって，子どもが現実に戻ることを手助けする。終わりが難しい子どもには15分前に伝えることもある。

　子どもの場合にとくにそういうかかわりをするのは，遊びや空想で頭がいっぱいになっている状態から，部屋を出て現実に戻る際に，ある程度時

間が必要だと考えるからである。とくに，まだ心理療法の時間的リズムがつかめていないセラピーの初期に，子どもは終わりの時間を読みながら，遊びを展開するということがまだできない。すると"これからよいところ！"というところで，突然セラピストが終わりを告げることになり，なかなか切り換えがつかないことが生じる。前もって時間を伝えることは，セッションの終わりに向けての遊び，あるいは気持ちをまとめるサポートになる。

　心理療法が進む中で，セッションの始まりと終わり，そして，次の週に再会するという時間的リズムの感覚は，小さな子どもでも，自然に体得していくことにしばしば驚かされる。この時間感覚がしだいに身について，しかも安定したセッションが続くと，セラピストから伝えなくても，"そろそろ終わりの時間だ"ということを，子どもが自分の口から伝えることもある。あるいは遊びの集束のしかたから，"終わり"を意識していることが伝わってくることもある。

　ただし，終わりに向けての時間感覚をいったん身につけた子どもが，終わりが近づいていることがわかっていても，その時間内に終われないような作業にわざわざ入ったり，ますます広がる遊びのストーリーを敢えて展開するような時がある。そうした場合には，その子どもに"終わることへの抵抗感"が生まれていることが想像される。その現象はまた，セラピストとの関係性がもう一つ次のフェイズに入ったことを告げている。

---

### 第8回

## "ゾウサン"とセラピストの間を行ったり来たり

　この回では，けい君の方からセラピストに積極的に近づいたり離れたりしながら，生き生きと働きかけてきて，比較的長い時間，今までになく二人の交流が保たれた。

　けい君は "ゾウサン" の絵を描いている途中で，その "描きかけのゾウサン" とセラピストの間を，いろいろな "行為のフリル" をつけて "寄り道" を楽しみながら行き来した。セラピストのそばに近づいてきて，セラピストの椅子のひじかけにのぼろうとしたり，かと思うとそこから離れて，手のひらにじっと

見入りながら不思議な声を発したり，急に体の向きを変えてセラピストの顔の方に自分の顔をぐっと突き出したり，あるいは突然嬉しそうな表情で何度もジャンプしたり……しばらく不思議な奇声をあげて両手を上にあげて体をのけぞらせたり，指を鼻に入れてぼんやりしたり，そして再び自分のソファの前に戻って"ゾウサン"の続きを描いたりした。

　セラピストは，近寄ってきたけい君に［ぞうさん描いていたの？］とたずねたり，飛び上がったときには，その動きに合うようなリズムで［ピョンピョンしたの？］と，時折声をかけながら，その行為の流れを見守っていた。

　こうしたけい君の一連の行為は，"ゾウサン"＝けい君の中にあるおかあさんのイメージと，現実の目の前のセラピスト＝新しい愛着の対象との間の"自由な行ったり来たり"のようにセラピストには映った。そしてそれをけい君が楽しんでいるように見えた。

## 少しだけ会話ができた?!

　そうして，心のままに動いて，時折寄り道をしながらいつもよりずっと時間をかけて，けい君は"ゾウサン"を描きあげた。その後，第3回でセラピストにお願いした時のように，けい君は「ライオン」のお絵かきをセラピストに頼んだ。その「ライオン」のお絵かきに応じながらセラピストは，けい君との言葉によるインターラクションを積極的にこころみた。すると，こんなやりとりが生まれた。そのやりとりをここに再現する。

　　「ライオン　クダサイ」
　　［ライオン？］
　　「ライオン　クダサイ」
　　［どういうライオンにしようか……男の子のライオン？　女の子のライオン？］
　　「エーェェ！」
　　［大きなライオンにする？］
　　「ライオンニスル？」
　　［小さなライオンにする？］
　　「ライオンニスル？」
　　［どんなライオンにしようか？　こーんなライオンかな？］
　　「ライオン」

セラピストの語尾や言葉をそっくり
取りいれて，こんな風なある種の会話
（？）が成立（？）した。そして，さら
にリズムを乗せた"言葉"を使ったお
絵かきの交流は続く。

絵23

　［どーんなライオンにしようかー……
こーんなライオンかな？］
　そういって，セラピストがライオンを描き始めるとけい君は，その手元を一
心に見ている。そして「ライオンライオン」という言葉がもれる。
　［まんまるおめめにしちゃおうかな……］
　とセラピストが目を描き入れると，けい君は「ライオンライオン……」
と裏声で繰り返しながら，セラピストの描くライオンにやはりじっと見入って
いる。そして「ナナナンナナアー……」と気持ちよさそうに，歌うように言
う。セラピストが［たてがみ］……とたてがみを描き，［あ，おひげ忘れちゃっ
た……］と言うか言わないその瞬間に，けい君はすかざずセラピストから鉛筆
を取って，ひげを描き加え，できあがったライオンを見ながら「ライオン……
アアアアアアアトウリリナーナナナナンアーナニャニャニャニャ……」
と伸ばすような声を発した。それからけい君はライオンの4本の足に，それぞ
れ2本ずつ線を加えて指を描き入れた。
　こんな風に，ライオンは，最終的には**二人の合作**によってしあがった。〈**絵
23**〉
　こんなやりとりが可能なけい君は，母が生きている時にはとてもよい母子関
係をもてていたのではないかとセラピストは思った。

## "ゾウサン"の絵を一息に消す
　それから，けい君はあれほど時間をかけて，ようやく描きあげた"ゾウサン"
の絵を再び取り出して，消しゴムでゴシゴシと一息に消してしまった。
　セラピストはいったい何が起こったのかなと思いながら，［ぞうさん，消えて
くねー……あー消えたねー，ぞうさん……］と，その消えていくぞうさん表象
について，言葉でけい君の行動を共有するかかわりをした。
　楽しい気持ちの中で描いたように見えた"ゾウサン"の絵をすっかり消して

しまった，けい君のその行為の意味をセラピストはいろいろ思い浮かべていた。けい君が"探し続けていたおかあさん（＝"かあさん"ぞう）は，いなくなってしまったんだ"という現実をけい君は実感するようになったのかしら？　それとも，おかあさんに去られてしまった受け身の体験を，おかあさん表象を自分で消すことによって能動的に体験し直しているのかしら？　ひょっとしたら，現実の自分の無力さから逃れて，好きなように描いたり消したりして"なんでも自分の思いどおりにできるんだ"という万能的な世界を体験しているのかしら？　あるいは，いなくなってしまったおかあさんの記憶と目の前のセラピストのことを，心の中に一緒に抱えておけないのかしら？……など，けい君の体験をさまざまに思っていた。

## 体が"くっつきすぎない"セラピストの工夫

　すると，その後すぐにけい君は「カイン」と言いながら，画用紙を片手にもって，セラピストの足とテーブルの間の狭い空間に入ってきた。"ゾウサン"を消したけい君が，セラピストとの間で，とても能動性を発揮しはじめたのである。

　けい君は画用紙ごと移動して，セラピストの膝元でお絵かきを始める態勢になった。一方セラピストは，［ここで描くの？……けい君……］と，やわらかいトーンで伝えながらも，内心びっくりしてしまった。それとともに，このような時，どのくらいの身体接触にとどめておくことがけい君にとって自我関係化（50〜51頁参照）された体験になりうるかということを，とっさに考えた。二人の間の身体接触に"ある境界"を創りだしながらも，けい君の心と体験を抱える存在となりうるありかたとは……ということを自問した。この時，セラピストが最小限気をつけたことは，テーブルとセラピストの足の狭い空間に，無理矢理に入り込んできたけい君の体を両足ではさまないことだった。そうして，セラピストは両足を閉じたまま，けい君がこれから始めようとするお絵かきを見守る姿勢を取ったのである。

　実際，この体勢は，けい君がすごく近くにセラピストを感じるけれど，体がべったりとくっついた感じにならないので，けい君の身体感覚を刺激しない空間，距離を創りだすことになった。こうしてセラピストは，けい君との間に"ほどよい境界（boundary）"を見いだし，それを保ちながら接した。また同時に，この姿勢は，けい君と過ごしている時のセラピスト自身にも安心感を与える，

心理的に"ほどよい距離"でもあった。

## 二人の間に"共同注視"が生まれる

　後ろにいるセラピストの足によりかかりながら絵を描くけい君は，セラピストの存在を背中に感じながら，バラバラに散らばらない"ひとまとまりの確かな自分"という感覚を得ているようだった。しかもその二人の姿勢は，ちょうどけい君が始めたお絵かきを，セラピストも同じ方向から眺められる。まるでけい君がセラピストとの共同注視（joint attention）（19頁参照）を求めて，膝元を陣取ったようでもある。

　セラピストがほとんど動かず，一定の場所に同じスタンスで居続けながら，情緒的な安定感をもってかかわる中で，こうした共同注視を求めるけい君が現れた。

　そこでけい君は今まで描かなかった新しい絵を豊かに描いていった。その際，途中でその場から離れて，ジャンプを始めたり，歩き始めたり，あるいは心ここにあらずというような状態になることもなく，5枚のお絵かきに集中した。その絵には，けい君の新しい内的な世界が現れているようにセラピストには感じられた。

### セラピストの情緒的アヴェイラビリティ
### （emotional availability）をめぐって

　ビデオの再生によって鮮やかに映し出された二人の交流を追いながら，「とくにこのセッションのこの場面においてというのではなく，けい君とセラピストの交流全体にわたって認められるものとして」という前置きをされてから，丸田俊彦先生は次のように言及された。

　セラピストは，積極的にけい君にかかわることは決してないが，けい君がセラピストに気持ちを向けたとき，あるいはセラピストに何らかの応答を求めてかかわったとき，つまりけい君がセラピストを必要としているときには，いつでもセラピストはそばにいて，応答できる状態でけ

い君に気持ちを向けている。けい君は，セラピストが自分のためにいつも利用可能な，アヴェイラブルな状態であることにだんだんに気づいていく。その関係性に安心感を抱き，思うままに自由にセラピストに気持ちを向けては，セラピストの応答を得ている。その際，一貫してけい君に気持ちを向けているセラピストのありかた，姿勢は，情緒的にアヴェイラブル（available）な態度である。この情緒的なアヴェイラビリティが治療的に大きな意味をもっている。

　丸田先生のコメントに触発されて，私の中に浮かぶのは，精神分析における基本的な態度としての，**受け身性**（passivity）と**中立性**（neutrality）である（参考文献15）。受け身性とは，セラピストが能動性を発揮してその関係をリードするような働きかけを控え，クライアントが表すものを受けとめていくことを言う。そして中立性とは，クライアントとの関係にセラピストの価値観，倫理観をもちこんで，その判断基準に照らしてクライアントの言動を評価することなく，あるがままのクライアントの気持ちに近づこうとするありかたである。丸田先生が言及された「情緒的アヴェイラビリティ」は，精神分析におけるこれらの基本的な態度に密接につながるものであると思う。

　ただし，この「中立性」に関して，間主観的なリアリティを見据えることを強調する丸田先生は，それを「中立性神話」として批判している（参考文献16）。つまり，間主観的な観点においては，治療者は中立性を保つことはできない，むしろ間主観的な相互作用の中で治療は行われているという事実に焦点が置かれる。

　セラピストが"人である"以上，中立的な態度を完全に身につけることはできない事実は確かにある。しかしそのことを自覚しつつ，それでも中立性のバランスを失うまいとする心がけは重要であると思う。そして，"中立的にはなりきれない"という感覚を保持しながらの"中立性と受け身性"に基づいた態度に加えて，さらにクライアントに対する基本的な"生きた"セラピストの態度として，私はこの"情緒的アヴェイラビリティ"の感覚を実際の心理療法の中に生かしたいと思っている。

**新たな内的世界が描かれる**

　そこでけい君が描いたのは"空を飛ぶ"表象だった。〈絵24〜28〉

　[ここで描くの？……けい君……] というかかわりに続き，セラピストは [今度は何を描く？] とたずねた。するとけい君はいつもの硬い黒いペンではなく，初めてもっとソフトなクレヨンを出して黒色で描いた。そして「ヒコウキ」と呟いた。

　[ひこうき描くの？……大きなひこうきみたいだね……ほんとだ……んーひこうき]……けい君はスルスルとみるみるうちに描きあげていく。

絵24　　　　　　　　　　　　　　　　　　絵25

絵26　　　　　　絵27　　　　　　絵28

［このひこうき，どこに飛んでいくのかしらねー……遠くまで飛んでいくのかなー］「ヒコウキヒコウキヒコウキヒコウキヒコウキ」……描き終わると，それをフロアに置いた。

　今度は「ヘリコプタ……ディーリロリロリ……ヘリコプタ」［んー，ヘリコプター，乗ったら楽しそうだね］……ヘリコプターの絵をまた下に置く。

　そして次に「キキュウ」を描いた。［気球だったね。空に飛んでいけるねー］……

　次は，「ロケット」［今度はロケット？……んー……もっと遠くにいけるねー……んーん……宇宙まで飛んでいけるね］……

　そしてまた，「キキュウ」を描いた。しかし今度は，動物の顔をした気球の絵だった。［楽しい気球だね……］

　こうしたやりとりの中で感じられたのは，もはや初回のときにセラピストの介入をないことにする，あるいは微妙に避けるけい君ではなくなっていることだった。セラピストが積極的にけい君の描く手を見ながら，かかわっていくことをけい君は侵入的と感じたり，警戒心を抱いたりすることなく，安心して描いていった。

## 描かれた絵を見ながら，セラピストが思い描いたこと

　けい君の絵は，どれも空に飛んでいくものだった。これらの絵について，セラピストはこんなことを思い描いていた。

　この頃，祖母は主治医から"母の死"について，「お母さんとはもう会えないんだよ」ということをけい君にわかるような説明をするようにと勧められていた。そこで祖母は「お母さんは"お星さま"になってお空にいるのよ」とけい君に伝えたとのことだった。そのことから，けい君が"ゾウサン"の絵を消した後に，セラピストとの関係に支えられて，しかも"共同注視"の体験の中で"空を飛ぶ"乗り物を次々に描いていったことについて，セラピストはこんなことを想像した。けい君の中に，この世にはいなくなってしまった"お空にいるお星さまのおかあさん"に会いにいく空想が生まれているのかなと。それから，こんな風にも思った。けい君が，今までになく，力強くて大きなものを描いている。男の子らしい表象がけい君の中に生まれているようだと。とりわけ飛行機やロケットからは，上に向かって飛んでいこうとする勢いが伝わり，けい君

が男の子への同一化を高めて成長していることが感じられた。

## "終わり"を引き延ばす（？）絵

第8回の終わりの時間が近づいた。そこでセラピストは，いつものように5分前になった時に，そのことをけい君に伝えた。するとこのセッションの終わりに，けい君は3枚の絵を描いた。どれもやはり初めて描かれた"男の子"像であった。

まず1枚目には，3つの四角い枠の中にそれぞれ男の子が一人ずつ入っている絵を描いた。そして男の子たちは，その枠の中でそれぞれに両手両足を伸ばしている。それは，まるで枠の中でめいっぱい，体を広げているように見える。そして表情はそれぞれに違う。〈絵29〉

この絵に，セラピストはいろいろなことを感じた。けい君は"セラピーの枠"，もしくは"空間と時間の境界"をしっかりと体験しているのかな，そしてその枠の中でのびのびしているよう。それとも，終わりの時間が近づくとその枠をぐーっともっと広げたいと思っているのかな。あるいは，ほんとうは枠からはみでたいけれど，なんとかその中にとどまっている，そんなけい君の体験ともつながっているのかな……など，いくつもの印象をセラピストはもった。

2枚目には，茶目っ気があふれる表情の男の子が描かれた。ウインクして，やはり両手を広げている，生き生きとした男の子の上半身が画用紙いっぱいに描かれた。〈絵30〉

この絵からは，終わろうとするセラピストを"通せんぼ"して，いたずらしているような，そんな躍動感が伝わってきた。

絵29

絵30

絵31

　そして，けい君は3枚目の絵を描いた。それは，画用紙いっぱいの男の子の全身像だった。やはりその男の子は両手両足を広げて立っていて，とても存在感がある。〈絵31〉

　そして，終わりの時間がいよいよ迫った。それをセラピストから告げられると，けい君は，さらにその男の子の洋服の斜め格子縞の模様を細かく描き出した。その格子縞は，いったん取りかかったら完成するまでに時間を要するということが明らかにわかるものだった。男の子の洋服の模様を手間をかけて仕上げることによって，そしてその作業をできるだけ長引かせることによって，けい君がこの場に少しでもとどまろうとしているように，セラピストには感じられた。その行為に，最後まで描き上げないと終われないし，完成させるまでここを絶対に立ち去らないというけい君の強い気持ちが読み取れた。

このセラピー場面への愛着が，こうした強迫的な心性に基づいた行為として
あらわれたのはこの時が初めてだった。

## 子どものセラピーのキーポイント

### 愛着と強迫

　強迫的な心性の源泉となる情動は，愛着であると言われる。私は，自閉
的にひきこもっている子どもなど，それまで対象への愛着を示すことのな
かった子どもに愛着が芽生えたとき，それとともに強迫的な心性が現れる
ことに何度か出会ったことがある。そのときには，ある感動を覚える。

　そうした強迫的な行為は，とりわけセッションの終わりに顕著に認めら
れる。ある子どもは，終わりの時間を延ばそうとして，絨毯の花模様の数
を最後まで数えることにこだわった。またある子どもは，時計の針が約束
の時間を示すまでに，どうしても自分の思い描いたストーリーを，結末ま
でセラピストに演じて見せないと気が済まなかった。

　セラピールームに少しでも長くとどまりたい，セラピストともっと一緒
に過ごしたいという愛着の思いが高まれば高まるほど，終わりの際に子ど
もはなんらかの自分なりの納得を得ようとするのだと思う。その時，子ど
もの心の中である種の"取り引き"が行われる。それはたとえば，"ここま
でやったら終わってもいい"，"これを完成させるまでは終わらない"とい
うような取り引きである。その中で，完全主義的な強迫心性が生まれるの
ではないかと思う。

　子どもの心理療法では，まさにこの強迫的なこだわりがもっとも素朴な
形で現れる。

---

## 第9回

### "放り出される"痛み

　このような関係性が生じた次のセッションでは，セラピストにとって激しく
心を動かされるようなことが起こった。それは，第2回のときに，男の子人形

をポーンと投げて「ダイジョーブーダイジョーブー」と探しに行った，あのときのテーマがもっと強烈に発展したものだった。男の子人形が"放り出される"激しい痛みと悲しみは，絶望的な絶叫を伴って表出された。

　ぼんやりと人形をいじっていたけい君が，突然，男の子の人形を思いきり遠くへ放り投げた。人形は窓にぶつかってコトンと落ちた。人形を投げた時，けい君の体の動きは，一瞬静止した。しかしセラピストが［どこいったー？］とたずねると，けい君はすぐに立ち上がって，人形が落ちた方へ急いで向かった。セラピストは再び［どこまでいったの？］と，走るけい君の背中に問いかける。「ダイジョオブー？」と小さな声を出したけい君に，セラピストも［だいじょうぶ？］と応じる。しかし，けい君は人形のそばまで行ったものの，立ったまま，絶望にうちひしがれたような絶叫をものすごく大きな声で発した。

　「**オーオオオオオーオオオオオーオオオオオーオオオオオー**オオオオ……」［その子泣いているね。オーオオーって］
　けい君は，まだまだ泣き声をあげている。
　「**オーオオオオオーオオオオオーオオオオオーオーオ**オオオ**オーオオオオオーオオオオオーオオオオオー**オオオオオ……」

　セラピストは，いつまでも続く耳をつんざくようなその声に激烈な痛みの感覚を読み取って，［痛い痛いって，泣いているよ］と，声をかけた。また，放りっぱなしにされている人形を自分では助けられなくて，助けを求めてけい君は泣き続けているのだろうかと思った。そこでセラピストは人形を救い出す手助けをしようと，自分の椅子から離れて，［だいじょうぶ？］と言いながら，人形とけい君のそばに近づいた。

　けい君とのかかわりあいの中で，セラピストが椅子から立ち上がったのは，このセッションが初めてであった。

　そして，セラピストが落ちている人形の方へ手を差しのべると，けい君は「**アー！　アアアアア!!!**」と，セラピストの手を全身で遮った。それからもっともっと激しい泣き声をあげた。"手を出してくれるな"というその動きに，最後までこの絶望と悲しみを出し切らせてほしいというけい君の切実な気持ちをセラピストは感じとった。そこで，セラピストは自分の椅子に引き上げた。けい君の気持ちを受けとめながら，言葉で応答するだけのかかわりの態勢

に再び戻ったのである。

## 救い出されて，喜ぶ

　なおも泣き続けるけい君に，セラピストは［かなしそうに泣いているみたい……助けてあげたいね］と声をかけた……するとけい君は，とうとう泣きやんで，静かに人形を拾い上げた。［だいじょうぶだった？］とたずねると，けい君も「**ダイジョブ？**」と言う。もう一度セラピストが［だいじょうぶ？］とたずねている間に，けい君は他の人形たちが置いてあるテーブルの上に，その男の子人形を戻した。そして平板な低い声で「ヤッター」と告げた。しかし，セラピストが［やった!!??］とたずね，それにけい君が応えるように「ヤッター」を繰り返しているうちに，だんだんにその「ヤッター」は，熱を帯びて興奮と喜びが伝わるような「**ヤッター**」に変わった。そして，「**ヤッター！**……**ヤッター！**……**ヤッター！**」と，ジャンプしながら繰り返した。それから最後にけい君は「**ミンナー!!**」と叫んだ。

　そこでセラピストは，［たすけてもらって，その子，とても喜んでいるかな……よかったねー……遠いところまでいっちゃったものねー……ひとりでね……よかったねー。みんなのところへもどってきた！］と伝えた。その間，けい君は，まだジャンプしながら，キャッキャッというはしゃいだ声を発していた。

## 二人の交流の中で生まれた展開

　男の子人形を投げた後に，その人形のそばまで走り寄って，そこで痛烈な泣き声をひとしきりあげてから，その人形をすくい上げ，それからテーブルの仲間の人形たちのところに戻して嬉しそうにジャンプする。こうしたけい君の一連の行動の流れは，セラピストの［どこいった？］［痛い痛いって泣いてるよ］［助けてあげたいね］［喜んでるかな］……といった声かけへの応答の中で生まれたようにも見える。もし，セラピストの言葉かけが違うものであったら，この展開は異なる結末を迎えたかもしれない。

　しかし，少なくともこの時，"二人の交流が一つの展開を生み出した"ということをセラピストは実感した。

## 対象の在・不在のテーマをめぐって

　こうしたセラピストのけい君へのかかわりに関して，妙木先生はラカン（J. Lacan）の見解と対比させながら，ウィニコット的なかかわりをそこに見いだされた。「対象の在・不在」の問題は，フロイトのお孫さんであるエルンスト坊やの糸巻き遊びの "fort / da" 以来，現在まで続く精神分析的なテーマである。ラカンは，対象を投げ出して，「いなくなった／いない」ことに耐えられないので「見つけにいく」ことに注目した。ラカンにおいては，対象がいないことを受け入れること，つまり「対象がいない」ことをめぐる体験が重要であった。一方，ウィニコットは，対象を見つけにいって「発見した」，「発見してうれしい」ことが重要であると説いた。

　その観点からみると，けい君に対するセラピストは，ベースはattunement（情緒的に波長を合わせること）で，このようなウィニコット的な感覚で接している。つまり発見できたことがうれしいというスタンスを取っている。確かに，セラピストの言葉かけも［大丈夫？　よかったね，見つかって］が主で，"発見できたことが重要" というスタンスである。ただし，そのような "発見も重要だが，不在も重要かもしれない" という視点から，妙木先生は "在" を維持し続けることより，"不在" を受け入れることの重要性について触れられた。

　妙木先生の「不在を受け入れることも重要」という見地は，セラピストが見落としていた部分をすくいあげ，けい君とのその後のかかわりあいの幅を広げる契機となった。とりわけ，けい君の対象恒常性が安定してきた心理療法の後半，第40回以降に，この理解が，さらにセラピストの中で深まり，実際のかかわりに反映されている。

## "放り出される"痛みがプレイフルになる

　喜々としてジャンプしていたけい君が，再び自分のいつもの位置に戻って座った。そして，先ほどと同じように，また男の子人形を手にした。すると，けい君はその人形を，やはり先ほどとまったく同じように突然思いきり放り投げた。しかし，放り投げた瞬間のけい君は，にやりとした余裕を浮かべた表情をしている。今度の"展開"の始まりは先ほどとまったく違っていることが，その表情から伝わってきた。そこで，セラピストもゆとりをもってかかわった。［またどこかいっちゃった？］と，遊び心のリズムを言葉に載せてたずねた。すると，けい君はいたずらっぽい顔をして，人形の方に走り寄った。走る姿も先ほどのような悲愴な感じではなく，どことなく軽やかである。

　そして，人形に近づいたけい君へのセラピストの声かけに，けい君がまるでその男の子の人形の気持ちになって応えるようなやりとりが生まれた。

　　［だいじょうぶだったみたい？……痛いみたいだねー］
　　「ダイジョーブー？」
　　［だいじょーぶかな？］
　　「ダイジョーブー？」
　　［ねえ，だいじょーぶかな？］
　　「ダイジョーブー？」
　　［だいじょーぶ？……なんて言ってる？　その子？］
　　……けい君は，やおら泣き声をあげる……セラピストのなんて言っている？に応じるかのように。
　　［泣いているの？］
　　「イタイン」
　　［痛かったんだね］……また泣き声をあげる。
　　ただし，今回は，最初のときのような激烈な「オーオオオオ」ではない。
　　［ひとりで泣いているみたいだよ……痛かった？］
　　「イタカッタノー」
　　［痛かったの？］
　　……けい君はまた人形を手にして，他の人形のところへ戻して，
　　「ヤッター!!」とジャンプする。セラピストは［あーもどってきた。よかったねー］と応答する。

それからまもなくして，けい君は，人形たちから離れたフロアに座って，こんな鼻歌（？）を歌った。

「♪ミンナデデイイナ♪♪ミンナデデイイナ♪♪ミンナデデイイナ♪♪ミンナデデイイナ♪」……セラピストは，この歌詞から，「みんなで，いいな」という意味を受け取り，［みんなそろった？］とたずねた。すると，けい君はそれを繰り返して，「ミンナソロッター！　ミンナー！」と応じた。

このように，けい君は2回，同じテーマを繰り返したが，2回目の時にはもっと情緒的にゆとりがあって，とても楽しそうになっている。セラピストとの交流の中で，絶望感にとらわれたような絶叫が，2回目の時にはいたずらっぽい笑みに変わった。そして今までにないプレイフルな展開が生まれた。

## この頃の現実生活の様子

この頃になると，現実生活でも変化が起きた。最初の頃は，祖母の布団をわざわざ遠ざけて寝ていたけい君が祖母の布団に潜り込んだりして甘えるようになったという。また「母の遺影を頬にあててじっとしている」けい君の姿もしばしば見られるようになったことも報告された。

こうした報告から，けい君の情緒体験，とくに大事な対象に愛着を向ける情緒が息を吹き返しているように感じられた。けい君に現れたこの変化は，セラピストに甘えを表出するようになったことと並行していると思う。

## 第10回〜第16回

## 身体的な接触を求めてくる

その後の2カ月間，第10回以降になると，それまでに積み重ねたけい君との交流は，バリエーションを増しはじめた。

この時期，今までに認められなかったけい君のもう一つの側面が見えてきたのである。第12回では，待合室に置いてある木彫りの大きな猫の置物（けい君の身長の3分の2の高さ）に，「おかあしゃんおかあしゃん」と抱きついた。そしてその抱きつく対象が置物だけにおさまらなくなって，セラピストに身体的にべったりとくっつきたい衝動がしだいに濃厚になった。ごく初期にはあれほ

ど敏感に距離をつくっていたけい君に起こったその変化は、心理療法が始まって半年近くなったこの頃から認められた。

　それまで凍りついていた情動がまるで溶け出すように、けい君は生々しい情動を制御なくセラピストに向けるようになった。第8回の時にセラピストの膝の前に座って、"空を飛ぶ"表象の絵を次々に描いた時よりも、けい君はもっと濃厚な形で身体接触を求めてくるようになった。それは高まる依存や愛情の現れというよりも、むしろ身体的な快感に直接結びついた情動のようだった。けい君の対象に向けられた愛着は、それが激しく強まってきたこの段階で、非常に原始的な形で現れたのだと思う。

　けい君のこうした身体接触をめぐる現象は主治医から得た、けい君の母子に関するわずかな情報の中の一つとつながるものがある。それは、母は生前、仕事のない週末だけ、けい君と過ごしていたが、けい君を施設に迎えに来るとけい君を非常にかわいがり抱っこし、二人が濃厚に密着して帰っていく姿を施設のスタッフはいつも見ていたというものである。

## "軟体動物のような身体"へのかかわり

　身体感覚に結びついた快の情動にいったん火がつくと、それをどこまでも求めようとするけい君の心身の状態は、とどまるところを知らないかのように見えた。

　けい君は、セラピストの体に自分の顔や体をべったりと密着させてくる。しかし、セラピストはそれを身体のレベルで受けとめることはしなかった。けい君がセラピストの椅子の背もたれと背中の間に入り込んで、後ろから両手両足をからみつけてこようとする。胸の方にも手が伸びてくる。そうしたときにセラピストは、自分の体がとらえられ、すっぽりとしがみつかれる前に、けい君の両手足の強い動きをそっと緩めながら、その気持ちを言葉にして、たとえば、[こんな風にくっついていたいんだね]と声をかけた。こういうときのけい君の体は、骨のない軟体動物のようで、セラピストの体にぺっとりとまとわりついてくるようである。また、セラピストの膝の上にのろうとしたり、セラピストの体に自分の顔を埋めたり、体を押しつけたり、なすりつけてこようしたときには、[ここにいたくなったのね]とか[ここでこうしたくなったのね][さあ、けい君のソファに戻ろうね]と一貫して、態度を崩さずにかかわった。境界を壊して一体感を強引にもとうとするけい君に、そのようにおだやかに伝え

ながら，決してけい君の身体をそのまま受け入れることはなかった。そうして，二人の間に身体的な境界を明示し，空間をつくることを常に心がけた。

こうして骨がなくなったかのような状態になっているけい君に対して，セラピストは骨格をしっかりもった存在として，けい君の前に居続けた。

## 心理療法の枠を越える

けい君は自分の欲求がセラピストにどうしても受け入れてもらえないことを察知すると，面接場面そのものから，ひきこもってしまう時があった。すーっと身を引くようにセラピストから離れ，ときにはそのまま部屋から出ていってしまうこともあった。そんな風に心理療法の枠におさまらないことが生じた。

そのような時には，面接室の出入り口に置いてある木彫りの猫の置物を相手に，セラピストとの間では満たせなかった自分の欲求を満たそうとした。猫にしがみついたり，猫を倒してその上にまたがったり，あるいはからみつきながら，待合室のフロアに寝ころがった。さらにけい君は奇異な笑い声を発しながら，ずっしりと重い猫を自分のおなかの上でローリングさせたりした。その際，性的な興奮を感じているようだった。

## 自慰行為への逆転移

けい君は猫の置物だけでなく，この頃には面接室内でもソファに自分の性器を押し当てて自体愛的な感覚に浸ることもあった。

けい君が喜々とした声を発しながら自慰行為に入ってしまうと，セラピストは交流をまったく遮断されてしまった気持ちになる。それとともに，自分の感情が動かなくなって，平板になってしまったような，離人感のような状態に襲われる。そしてその姿と声の不気味さに茫然として，かかわりの手だてを見失ってしまう。けい君にかかわろうとする気持ちが，どんどん後ずさりしていく。心理的な発達は現在にとどまったまま，これからますます体が大きくなっていくとしたら……と思うと，けい君のこれからの成長がおそろしくなる。

こうしたネガティブな感情に，セラピストは圧倒され，ひるみそうになる。

しかしけい君とのかかわりを回復するには，これらの逆転移を否認しないで，自分の感情として認めるところから始めなくてはならない。もし，けい君へのネガティブな気持ちを認めずに，けい君にとってあくまでも"よいセラピスト"として無理矢理にかかわろうとしたら，どうなっていただろうかと考える。いっ

たんは猫の置物に向けられたけい君の濃厚な接触の矛先が，再びセラピストに向け変えられ，セラピストの方がセラピーを心理的に放棄せざるを得ないような状況を引き起こしてしまったかもしれない。

## 二人の関係性に立ち戻る

　セラピストが自分の感情を抑制せずに，感じているものを一つ一つ内的に受けとめることができるようになると，閉塞されて平板になっていた感情が再び動き出した。

　今，けい君に不快，恐ろしさを感じているけれど，そもそもけい君がこのような状態に入っていくに至ったのは……と考える。すると，けい君にあらわれたこの"一つの現象"を，もう一度セラピストとの関係性の中で生じていることとして，とらえ直せるようになる。

　そして，これまでの流れを違う視点からふり返れるようになった。

　頑なに心を閉ざしていたけい君が，徐々にその堅固な砦を崩し，けい君の心に母への愛着が蘇ってきた。母親転移の中で，その愛着が高まれば高まるほど，そして母親（＝セラピスト）が"いつもそばにいない"と，感じれば感じるほど，けい君の愛着を満たしたいという願望は，焦げついてくる。せめて会っているときぐらい，身体的に密着することによって，愛着の対象を独占しておきたくなる。"分離"の感覚をできるだけ否認して，心身の快感の方に身を委ねていたい。しかし，目の前のセラピストは絶対にそうさせてはくれない。そうであれば，あきらめて，自体愛的な世界の中にひきこもるしかない。対象への愛着の高まりを，そして，対象がもう決して離れないように自分のものにしておきたい気持ちを，けい君は自慰行為の中で得る快感によってしのぐしかなかったのではないか。

## お絵かきの交流と，身体感覚にひきこもる状態，そのギャップと連続性

　同じセッションの中で，一方では身体的な快の感覚の中にひきこもるけい君が現れながらも，他方ではお絵かきをしたりするけい君は，ずっと続いていた。しかもその表現は実に豊かである。

　セラピストはけい君のあらわす，その心理状態のギャップに最初は戸惑っていた。しかし，二人の関係性に戻り，ギャップと感じられたその不連続なあらわれを"二人の関係性の中で生じている"という視点から体験し直すと，けい

君のその両方の状態，つまりお絵かきを介した交流と，べったりした身体接触を求める，あるいは一人で身体的な快にひきこもる状態の間に，ある種の連続性を見いだせるようになった。そうすると，お絵かきの交流が，突然セラピストとの境界を壊して踏み込んでくるような身体接触に移行しても，あるいは交流を失って，自体愛にひきこもってしまうという状況の中にあっても，セラピストはお絵かきの時の情緒交流のレベルを内的に保持しながら，安定してけい君にかかわれるようになった。

## 自慰行為がおさまる

　けい君が一人の感覚的な世界にひきこもっているときに，セラピストは不安に圧倒されずに，おそれずに“こちらの世界”から［けい君……］と，自然な調子で呼びかけることができるようになった。それは，こちらの側の世界，つまり目の前に対象がいて，その対象と交流する世界に“戻っておいで，けい君”というかかわりだった。そのようなかかわりが自然にできるようになると，けい君がひきこもってしまう状態の前の，情緒的に交流できていた時に描いた絵を介在させて，再び交流を取り戻す水路づくりが可能になった。

　このように，セラピストが心理的にけい君を放り出すことなく，情緒的なつながりを切らない存在であり続けることが，けい君に変化を起こした。

　けい君の自慰行為はやがて認められなくなったのだ。

## 反応を期待する“いたずら”が始まる

　自慰行為が消失した代わりに，けい君は小さな“いたずら”を始めた。それは，セラピストのとっさの反応，注意，関心を引き出すことをまるで期待しているかのような行為だった。たとえば，ブラインドを壊さんばかりにわざと強く引っ張ったり折り曲げてみたり，他の部屋のドアを開けてみようとしたり，今までになく，ソファの上で大きく飛び上がったりした。その際，その行為をセラピストが“見とがめる”ことを想定してやっているように見えた。しかも，自分の行為に対するセラピストの何らかの反応を待っているかのように，その一連の行為には微妙な“間”があった。またセラピストの表情の変化を確かめるような，けい君の視線をセラピストは感じ取っていた。

　これらの動きは，ある発達段階にさしかかった小さな子どもにしばしば認められる，依存対象と戯れるときの一つの様式のように見えた。つまり，幼児は

自分が悪いことをしている，あるいは危ないことをしているということをちゃんとわかっている。しかもそれはそばにいる保護者の注意をとっさに引きつけるものだということもわかっている。でも敢えてその行為をしてみせる。それは，自分への注意，関心を集めておきたいために，プレイフルに挑発するような保護者へのかかわりである。

けい君にこのような心理的"じゃれあい"を期待するような行為が生まれたことは，この心理療法がもう一つ次のフェイズに入ったことを告げているように，セラピストには感じられた。

## キャンセルの後の再会に描かれた絵

第15回と第16回を予定していた当日の朝に，祖母から立て続けにキャンセルの電話が入った。キャンセルの理由は「けいの体調がよくない」であった。なお，それに関しては，けい君と一緒に暮らす準備のために祖母自身の疲労が高まっていたこともキャンセルの理由の一つであったということが，後でわかった。この頃には，とうとう祖父母の決心が固まり，けい君を全面的に施設から引き取ることになっていた。けい君が身寄りもなく施設で一人過ごしているのがわかってからこの時点まで，祖父母は土，日に1泊だけけい君と自宅で過ごす生活を続けていたのである。

いずれにしても，当日にキャンセルが入った1週間後の再会の時（第15回），けい君はこんな絵を描いた〈絵32〉。かつて第8回で描いたような両手を広げた，チェックの服を着た男の子の絵である。しかし，そのすぐ後に，顔と腕がバラバラになった男の子と，ぎざぎざのエッジがある二つの表象を描いた〈絵33〉。ぎざぎざの表象は大きなのこぎりのようにも見えて，体をばらしてしまうおそろしい刃に見えた。急なキャンセルは，けい君にとって元気に手を広げた男の子の手が切り落とされてしまうような体験だったのではないかとセラピストは思った。

またやはり，1週あいて，再会した第16回では，2枚のピエロ（アニメ，アンパンマンの登場人物のしょくぱんまんのようでもある）のような絵が描かれた。1枚目は驚きと戸惑いと悲しみが混ざったような表情に見える〈絵34〉。わなわなと歪んだ口，体も歪んで見える。それから2枚目は，何かに面食らって困ったような，悲しみを我慢しているような表情に見える。口をぴりぴりと結んで精一杯力を込めて立っているように見える〈絵35〉。そしてどちらも，十

絵32

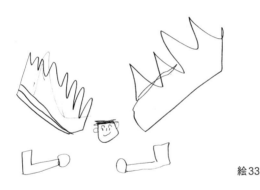

絵33

字で描かれた両目の下に，涙の粒のようなものが描かれている。この2枚の絵から，けい君の悲しみがセラピストに伝わってきた。けい君は突然のお休みについての体験を言葉や態度に表すことはまったくなかった。しかし，このピエロ（？）の泣き顔（？）の絵にけい君の気持が託されているように感じられたのである。

　しかしその絵を見てセラピストが抱いた，その"感じ"を，そのときすぐにはけい君に言葉にして伝えていない。それは，この段階では，セラピストの中でもまだよくわからない"感じ"だったからである。というのも，面接が1週引き延ばされたことを，けい君が"広げた手を切り落とされるような感じ"と

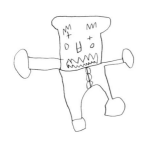

絵34

絵35

　か"悲しみに，わなわなとしている"とまで，ほんとうに体験しているだろう
か，それほどけい君にとって，ここは重要な空間になっているのだろうかとい
う疑問があったからである。しかも，直接，こうして接していても，そのよう
な情緒は何も伝えてこないけい君が，その悲しみの体験をこんな風に絵にして
あらわせるだろうか……という気持ちもあった。そう思うとこれは，セラピス
トのひとりよがりな絵の解釈に過ぎないのでは，という気持ちが大きくなった。
だから，こちらからそのことを言葉にして伝えることには，慎重になったので
ある。

　そして，もう少し待ってみようと思った。

## 第5章

# 二人の間のストーリー
## 分離と再会


### 祖父母との新たな現実生活への適応が優先される

　けい君とセラピストとの面接の外では，月に1回の主治医による保護者面接が行われていた。その話し合いが進み，祖父母はけい君を自宅に全面的に引き取る決心をした。

　それまで，週末だけ祖父母宅で過ごしていたけい君は，幸いにも施設生活から脱する現実状況が整い，本格的に祖父母の家で暮らすことになったのだ。ただしその住まいの変化とともに，学校の転校も必要になった。けい君はこれまでとは別の養護学校に通うことになった。

　そのような現実生活のよい変化とともに，セラピストとの心理療法は中断を余儀なくされた。引っ越し・転校・新しい生活にけい君が慣れること，そしてけい君の生活全般を世話することになる祖父母の負担などを考慮し，また，祖母の強い希望もあって，現実生活が取りあえず優先されることになった。ただし，現実の方が落ち着くのはいつ頃になるのか，その時点ではわからなかった。

　それに加えて中断前の数セッションは，けい君を連れてくる役割を担っていた祖母からキャンセルの連絡が続いた。けい君との現実生活が実際に始まることによって，祖母の疲労は高まり，糖尿病の病態もすぐれなかったので，キャンセルはやむを得ない状況だった。そしてとうとう，けい君と，次の再会をきちんと確認できないままの中断になってしまった。

　その時，けい君は7歳7カ月だった。


### 中断の間のかかわり

　再会を約束できないままの中断，そして再会を期待できない突然の別れに，セラピストはどう対処するか，たいへんに苦慮した。というのも，こうした形

でセラピストとの関係性が突然終わってしまうとしたら，この心理療法は突然姿を消した母との間でかつてけい君が経験したのと同じように，深刻な心の傷になってしまう怖れがあったからである。これまでに築き上げた関係性をまた突然失ってしまうとしたら，この心理療法そのものがけい君に外傷を与える要因になってしまう。その事態を防ぎ，一定の対象として存在し続けるために，どんなかかわりがあるだろうかと，セラピストは模索した。

## 中断に際して，一定の対象であり続けること

　クライアントが子どもである場合には，本人は来るつもりであっても保護者が連れて来られない状況が生じるなど，外的な要因のために心理療法が中断になることが，残念ながら起こりやすい。しかも，突然の終わりを子ども自身理解できないままに，そして終結に向けての作業もできないままに，終わらざるを得ないこともある。

　その際，どのような中断，あるいは終結のしかたがあるか，個々のケースを吟味して考える必要がある。外的な要因が一段落したら，再会の可能性があるのか，それとも再会できない可能性の高い中断なのか，その状況によってセラピストの実際のかかわりは異なってくる。

　いずれの場合においても，セラピストは中断の理由を子どもとの間で，できるだけ共有した上で，セラピストと共に過ごした体験を含めて，子どもが心の中に安定したセラピスト像を保持できるような別れ方を模索したい。

　また，中断の理由について，子どもによっては「自分が悪い子だから，自分のせいで連れてきてもらえなくなった」と，自責的，自罰的にとらえることもある。そうした誤った考え，感じ方が修正されるためには，全体の状況を曖昧，漠然としたままにせずに，その子どもと共有できる範囲で，中断に至った理由を明確にして伝え，お互いにその段階で現状況を受けとめることが大切である。なお，子どもと共有できる範囲というのは，子どもにとって負担にならないように配慮するという意味を含んでいる。たとえば，保護者が訴える外的，現実的な理由の背景には，心理療法に子どもを連れてくることへの保護者自身の抵抗感が大きく動いているかもしれない。その際，保護者の内的な不安や葛藤が心理療法継続の危機を引き起こ

していると考えられても，それを子どもに直接伝えることは控えた方がよい。むしろセラピストからいったん離れていく子どもがそれ以上，一人で内的な重荷を背負い込まなくても済むようなありかたを考慮しながら，中断の現実を子どもと共有したい。

　さらに中断，ないし終わりに際して，もっとも重要なことは，セラピストが子どもの心の中に，その後もずっと一定の対象として存在し続けられるようなかかわりである。一定の対象であり続けることの重みは，むしろ毎回会っているときよりも，中断，あるいは別れに際して，より深く体験されることになる。

---

　けい君のケースでは，現実生活が落ち着いたらもしかしたら再会できるという期待がもてるような中断であった。そこで，セラピストが"一定の対象として存在し続ける"ために考えついたのが，再会の日まで，毎週会うかわりに"絵手紙"を送ることだった。

　けい君はこれまでに，たくさんの絵を残していった。それに加えてセラピストとの合作の絵も，けい君の専用ボックスの中におさまっていた。けい君がこれまでにセラピストとの間で描いたそれらの絵を，今度はセラピストが描いて送ることにしたのである。その絵の中でセラピストは猫に扮して，"猫＝セラピスト"が［けい君のこと思いだしているよ］というメッセージを込めて，猫のところから大きな吹き出しをつけた。そして，その吹き出しの中にけい君がこれまでに残した絵を，セラピストなりに再現して描き入れた〈絵36，37〉。また，けい君の乗り物の絵の中には一度も人物が描かれたことはなかったが，セラピストは気球に男の子を乗せたりした〈絵38〉。それから絵には季節感も取り入れた。たとえば，夏の季節には，けい君らしき男の子の手に「すいか」や「アイスクリーム」をもたせたりした〈絵39〉。なお，男の子像を描く時にも，けい君が描いた男の子の絵に似せて描いた〈絵36〜39，口絵参照〉。

　こうして，毎週1枚，絵手紙を送り続けることが，けい君との関係性を維持するためにセラピストができることだった。実際には10カ月の中断になったので，40枚以上の絵手紙が，けい君のもとに舞い込んだことになる。

絵36

絵37

絵38

絵39

## 絵手紙への返事

　その間，2〜3カ月に1回ほどのペースで，祖母が，けい君の近況を知らせる手紙に，けい君の絵や折り紙の作品を同封して送ってくれた。その手紙によれば，祖母は，セラピストからの絵手紙が届くと，いつもけい君に見せてくれているとのことだった。ただし，「けいが，それを森先生からのものと，ちゃんとわかっているのか，とくに関心ももたないように見えて，心もとない」とも報告されていた。

　祖母からの報告がそのような内容であっただけに，同封のけい君の絵にセラピストは驚かされた。

　すでにセラピストから10通以上の絵手紙が届いた後のことである。初めてけ

絵40

絵41

　い君からもらったのは，「カモメ」〈絵40〉と「お星様」〈絵41〉の絵であった。「カモメ」の絵には「カモメのゆうびんやさん」と書かれている。それに関して祖母の手紙の中に，けい君が祖母に言った言葉を祖母が書きとめたと説明があった。たしかに「カモメ」は，首から封筒をぶらさげて，手紙を配達する郵便屋さんである。その絵は，毎週届く絵手紙に対する，まさにけい君からの返事のように思えた。

　また星の絵には「お母さん，お空でお星様になっちゃった」という祖母の字がやはり書き添えられていた。その言葉は，けい君自身が言った言葉なのか，祖母の言った言葉をけい君が絵にしたのか，定かではない。しかし祖母から，亡くなった母のことをそのように説明されていたことと，"（お母さん）星"の絵は密接に関連していると思われた。その絵を受け取ったセラピストは，"お母さんは星になった"，"お母さんとはもう会えない"ということを，けい君は経験できるようになったのだろうか，亡くなったお母さんとはもう会えないけれど，生きているセラピストとの交流は続いているということを，実感しているだろうか……などいろいろに思い浮かべていた。

　その後も，祖母は手紙の中にけい君の多数の絵や切り絵を同封して，セラピストに送ってくれた。〈絵42〜44（作品の一部），**42と44は口絵参照**〉

　こうして9カ月の時が流れた。

絵42

絵43

絵44

## 再会　週1回から月に1回へ

　けい君が小学校2年生を終えた3月に，祖母から「けいとの生活が一段落したので，また来月からそちらにうかがいたい」という連絡が入った。そして，けい君が小学校3年生になる4月に，10カ月ぶりに再会することになった。ただし，週1回，けい君を連れてくることの負担が大きいという祖母の希望で，月に1回の心理療法となった。

　週1回から月1回のペースになることについては，いたしかたないこととセラピストは思った。祖母に負担がかかって，突然来られなくなってしまうよりも，月に1回でも，恒常的に会っていける可能性を大切にしたいと思った。

**第17回**

## 再会の“ごあいさつ”

　けい君は8歳5カ月になっていた。

　10カ月の間に体が一回り大きくなったけい君は，体を弾ませてやってきた。意気揚々と面接室に向かうその姿から，“うれしい気持ち”が伝わってきた。セラピールームのテーブルの上には，10カ月前と変わらないけい君の遊具と人形のセットが“いつものように”準備されていた。けい君は立ったまま素早く，そこから人形を一つ手に取った。そしてまるで体中が喜びに満ちてはじけるようにブルルンと身震いしてから，一つジャンプした。

　それからけい君は，いつものお決まりの場所（ソファとテーブルの間のフロア）に座って，その人形の口に小さな哺乳瓶をあててミルクを飲ませるようなしぐさをした。そんなけい君にセラピストは語りかけた。

　［こんにちはー。けい君……こんにちは……おひさしぶりでしたね］

　けい君はセラピストの方に視線も向けず，そのあいさつにも応じないで，テーブルの上の人形やおもちゃをしばらくいじっていたが，まもなくこんな言葉を何度も繰り返した。それに対して応じるセラピストと，“言葉”を介したやりとりが始まった。

　「キマスヨー」

　……［きますか？］

　「ホラーホラーキマスヨー」

……［来ますか？］

「キマースヨー!!」

　［来ましたねー！］

「キマスヨー！　キマースーヨー!!」

　［来ましたねー!!　けい君］

「キマスヨー！」

　［うーん！　来ましたねー］

　けい君の「キマスヨー」という言葉を，セラピストは久しぶりの再会のあいさつと受け取り，［来ましたね，けい君］という言葉で応答した。

## 1カ月に1回と告げられて

　そして，これからのことについて，こんな風にけい君に伝えた。

　［ここでね，けい君にお会いできるといいなーと思っているの。月に1回ここに来られるかな？　けい君？……小学校のお休みの日（土曜日）にここに来られるかな？］

　このように，［1カ月に1回］と言われた時，けい君は"ノー No"という気持ちを示すように，首をかすかに小さく横に振ったように見えた。月1回では不服ということであろうか。それからまもなくしてけい君は，うつむき加減に唇を固く結んで，一点を見つめながら目を大きくしたり小さくしたりして，泣くのをこらえるような，あるいはびっくりしているような表情，しぐさを見せた。

　しばらくその行為を続けた後に，小さなかすれた声で「ライオン」と言って，けい君が描いた絵〈絵46〉に，セラピストは衝撃を受けた。さらに，次に描かれた「ゾウ」の絵〈絵48〉に，言葉を失ってしまった。

　これらの絵は，以前描いていたけい君の絵〈絵45，47〉とあまりに異なっていた。この中断の間に意地悪でミルクもくれない温かみもないセラピストを，やせ細った「ゾウ」の表象にけい君が託したようにセラピストは感じた。そしてほったらかしにされて卑屈に小さく歪んだ自己像を，このひねこびた「ライオン」にして，けい君は表したように感じた。

　果たして，これから1カ月に1回会っていく心理療法を再開することによって，けい君の中の，やせ細った自己像と温かみのないセラピスト像が，またふっ

絵45

絵46

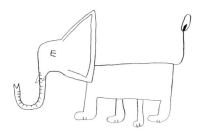

絵47

絵48

くらとしてくるだろうか，それはどのくらいかかれば回復するのだろうか……
と思いながら，それが途方もなくたいへんなことのようにセラピストには感じ
られた。

### 初めての"ごっこ遊び"：ぞうさんを訪問する

　それらの絵を描いた後，けい君はハウスの中の人形や動物をどんどん外に出
す作業に取りかかった。その行為は，けい君がある目的をもってこれから何か
を始めようとしている，そんな風にセラピストの目に映った。

　期待を抱きながら，その動向を静かに見守っていると……けい君は，ほんと
うに"何か"を始めた！

　中身をすっかり空っぽにしたハウスの玄関の内側に，まずぞうのおもちゃを
立たせた。それから玄関の前に，たくさんの動物たちを長く1列に並ばせたの

である。

　そして，けい君は自分の手でハウスの玄関の扉をトントンとたたいた。

　そのハウスと動物たちのセッティングに，"たくさんの動物がこぞって，ぞうさんの家を訪問する"という"ストーリーの始まり（？）"を読み取ったセラピストは，その音にすかさず応じた。

　[あれ？　誰かが来たのかな？……今，トントンって聞こえた……]

　扉をトントンとたたいて，訪れた動物たちに"同一化している（？）"けい君に，セラピストは"ぞうさん"を演じて，応答した。こうして，お互いに訪問する側とそれを迎える側の役割を演じる"遊び"が始まった！

　「ゾウサン，ゾウサン，ナニ・シテル・ノー!!」
　[どなたかなー……どなたですかー？……ぞうさん，どなたかなーと思ってるねー]
　「ゾウサン，ゾウサン，ナニ・シテル・ノー!!」
　[どうぞ，おはいりくださーい……ぞうさん，待ってるみたい。みんなのこと……早く来てくれないかなーって……みんな来たんですねーどうぞ]
　「ゾウサン，ゾウサン，ナニ・シテン・ノー!!」
　[はーい，みんなのこと待ってたんですよー……みんなのこと待ってた……先生も，けい君のこと，待ってましたよー……ぞうさんみたいに，けい君のこと待ってましたー]

　セラピストは，この遊びに，"ぞうさん＝セラピスト"が"動物たち＝けい君"を迎えるという意味を見いだした。そしてごっこ遊びから出て，[ぞうさんみたいに，けい君のこと待ってました]と，伝えたのである。すると，けい君は1列に並んでいた動物たちを玄関から次々にハウスの中に入れていった。

　[あー，みんな来てくれたんですね。どうぞ入ってくださーい，どうぞどうぞ，入ってくださーい]……

　けい君はおしまいには，ハウスの中を動物たちでいっぱいにした。

　これがけい君と初めてした"ごっこ遊び"だった。

## 再会に期待をよせる

　心理療法の中断によって，"空っぽのハウス"のようにがらんとしたけい君の心の中が再び満たされる心境が，この遊びにあらわれているようにセラピストには感じられた。そして，この再会の遊びに，"もしかしたら，あのやせ細ったライオンも，再び生き生きとしてくるかもしれない"，そんな期待もふくらませた。

　また，このセッションの終わりに，けい君が"再会への期待"に実感をもっていることがうかがえるような短いやりとりがあった。
　セラピストが［けい君，またね］と再会を約してお別れの言葉を告げると，思いがけなく，けい君がいとも自然に「マッタネー」と言って，部屋から出て行ったのである！


---

### 第18回

---

## 怒りが読み取れる

　約束通り，1カ月ぶりに再会した。このセッションがはじまってまもなくしてけい君と目が合った時，セラピストはこんな風にけい君に語りかけた。
　［またこうやって会っていきましょうね］

　すると少ししてからけい君は，何か怒っているように，強い口調でこんな言葉を繰り返した。
　「ハッキリシロー，ホー，シ，シラスミキタノカー，ワリーカオ」
　［しらせにきた？］
　「ハッキリシロー」
　［はっきり？］
　「シロー，ウニャー，シ，シラスミキタノカー，ワルイーカオ」
　［悪い顔？］
　「シ，シラスミキタノカー，シラスミキタノカワルイカオジャナイノカ，ワルイカオ，ハッキリシローイ，イヤー，ソ，シラスミキタノカー，ワルイカオ」
　［知らせにきた？］

（「シラスミキタノカ」は，セラピストに［知らせにきたのか］と伝わってきた。）

「ハッキリシロー，シラセミデーウウーウ」

［また１カ月に１回ずつ会っていきましょうね］

「ハッキリシローウウ」

［うん，今まではっきりしなかったものねー］

「ハッキリシロー，シ，シラスミキタノカーワルイーカオ，アー，シラセミキタノカー，ワルイカオ，ジャナイノカ！　シラスミキタノカーワルイーカオ」……

［けい君，けい君にお話したいことがあるんだ］

「ワルイカオ，ヤナイノカ！」

［この間ね……］……セラピストの次の言葉を遮るように，大きな声で言う。

「ナナイオッシニタマ，オイシニクルノダー!!」

けい君の"叫び"のような鋭い声は，胸にずしんずしんと響いた。週に１回会っていたときから１０カ月間会えなくなって，今度は月に１回になった，そのような面接のあり方について，けい君が「ちゃんとはっきりしてくれ!!」と訴えているように感じられた。

そこで，セラピストはカレンダーを一緒に見られるように，けい君の方へ向けてもう一度語りかけた。

［この間ね，この日に会ったよね。４月８日に］

するとけい君は前回のセッションのはじめにしたように，人形の口に哺乳瓶をあててミルクを飲ませるようなしぐさをする。

［あー，おいしいのかなー……ごくごくって飲んでる……］

［今日はここねー。５月１３日。来月は６月１０日に会おうね。今まではっきりしなかったものねー。来るのか，来ないのかってねー］

「ハッキリシロー，シラスミキタノカーワルイカオ」という，鋭い抗議調の繰り返しの言葉は，中断の時から続いているけい君の怒りであると思った。これまで約束しても会えなくなってしまったり，次の面接日が"はっきり"しなかったことや，再会したと思ったら月に１回と"悪い顔"をして"知らせてきた"セ

ラピストに対して，けい君が怒って訴えていると理解した。けい君のこの不満，怒りを当然のものと受けとめた。そして，セラピストはけい君に［今まではっきりしなかったものね……］と応じ，これからのことを改めて明確に伝えた。

　すると，この訴えるような繰り返しは，パタリと鎮まった。

## エンドレステープのように繰り返される「タベタイ，タベタイ」

　それからしばらくしてけい君は，セラピストと一緒に見たカレンダーを自分の方へ引き寄せて，そのカレンダーに絵を描き始めた。〈**絵49，50**（作品の一部）〉
　"何かに向かって走っているカイジュウ"と"風船に向かって飛んでいくワシ"を描きながら，エンドレステープのように同じ言葉を"けい君独特のメロディ"に載せて繰り返した。怪獣には，口から"吹きだし"が出ているので，まるでその怪獣が言ってるかのようである。けい君が何度も何度も歌うように繰り返したのは，「タベタイタベタイタベターイ !!」であった。

　絵を描いている間中，けい君はこのフレーズを歌うようにまだまだ続けた。
　「タベタイタベタイタベターイ !!　タベタイタベタイタベターイ !!
タベタイタベタイタベターイ !!　タベタイタベタイタベターイ !!
タベタイタベタイタベターイ !!　タベタイタベタイタベターイ !!
……………………………………………………」

絵49　　　　　　　　　　　　　　　絵50

そんなけい君に，セラピストが［いっぱい食べたい？］とたずねると，「うん」と，小さい声が漏れ聞こえた。はっきり肯定しているのかどうかは，わからなかったが，その後，けい君はまた人形の口に哺乳瓶をあてた。

　［ミルクもごくごくって飲むの？］

　「うん」（小さな声がもれたような「うん」であるが，やはり，ちゃんと肯定しているようである。その後も，けい君はまだ人形にミルクを飲ませている。）

　［赤ちゃんも，ごくごくごくごくごくごくごく……いっぱい飲んでる。おなかすいちゃってたんだねー……ごくごくごくごくごく，いっぱい飲んだね］

　けい君の「タベタイタベタイタベタイ」からは，まだまだ足りない，もっともっとミルクがほしいという気持ちが伝わってきた。前回，セラピストが月に1回の面接のことを告げた直後，けい君が固く唇を結んで示した，“それでは不服だ！”という気持ちが，いっそうインパクトをもって伝わってきた。しかし，その表現は，歌いながら絵を描くような，プレイフルな現れかただった。

## 安心して“おなかいっぱい”になるのは，たいへんなこと

　けい君は，その後，おなかがいっぱいになるほど長い時間ミルクを飲ませていた人形をベッドの中に静かに寝かせた。ところが，すぐに掛け布団を思い切り剥いで，人形をつかみ取っていったん高く上げてから，フロアに落としてしまった。

　そして「キューアイタ」と言った。

　けい君は“いっぱいいっぱい”，“もっともっとほしい”けれど，その気持ちを表した“ワシ”が風船に近づけば，きっと風船は割れてしまう。人形の赤ちゃんもミルクをいっぱい飲ませてもらっても，ベッドから引っ張り出されて，フロアに落とされてしまう。

　セラピストは，その絵と行為に現れたけい君の気持ちを想像した。けい君にとって，安心した気持ちで心の満腹感を体験することはとても難しいことなのだと，改めて思った。

## 相互交流を“文脈的（contextual）に”読む

けい君が描いた“吹きだし”の絵について，妙木先生はとても興味をもって次のように言及された。

中断の間，猫に扮したセラピストが“吹きだし”をつけて，彼のことを思いだしているというメッセージを込めて描いた絵を，セラピストは送り続けた。そして再会後に，今度はけい君が“吹きだし”をつけて「タベタイ」と応えている。セラピストとけい君との間に，“吹きだし”をめぐる相互交流が起こっている。その場だけのできごとではなく，継続してセラピストが一定の対象であり続けたことの配慮を，彼が逆に使ったと考えられる。彼も中断の間，“吹きだし”のついた絵手紙を喜んで受け取っていた。そして今度の怪獣の“吹きだし”の絵は，その彼からの“お返し”である。そうした相互交流を文脈的に読んでいくスタンスもある。

妙木先生は，この後の，第22回のセッションにおけるけい君とセラピストの交流についても，この観点から二人の相互交流を読み取られた。後述するように第22回では，けい君がセラピストの驚きや喜びを先取りして演じて見せた。そのけい君の行為と，それより前に，セラピストが中断の間にけい君の驚きや喜びを想像しながら絵手紙を送っていたことのつながりを“文脈的”にとらえ，「両者に“相互投影”が起こっていた」という妙木先生の視点は，たいへん新鮮に感じられた。

---

### 第19回～第21回

### 1カ月に1回のリズムが安定する

その後に続く3回にわたるセッションでは，けい君とセラピストとの間で交わされる，前言語的なプレイフルなやりとりがだいぶ活発になった。たとえば鏡[注7]に自分の顔を映し出すけい君に，セラピストから“いないいない・ばー”のような遊び心でかかわると，それにけい君が応じて，自分の顔を鏡に映し出したり，ひっこめたりした。

また，けい君はセラピストのいつも座る椅子を自分が占領して，しばらくの間，そこで心地よく過ごしたりした。セラピストは反対にけい君のソファに座って，いつもと逆の位置からその静かな心地よさを満喫しているけい君を見守った。

こんな風に，情緒的に安定しているけい君になってきたことから，1カ月に1回の心理療法における"分離と再会"の安定したリズムがけい君に安心感をもたらしていることがうかがえた。

この段階では，かつてのように，セラピストへの愛着を生々しく向けてくることはなく，直接しがみついたり抱きついたりすることは，もはやなくなっていた。部屋から出て，猫の"お母さん"との世界にひきこもることもなくなった。それよりも，むしろソファに体を全部のせてゆったりと座ったり寝ころんだりしているけい君は，たっぷりとした感じでこの空間に，そしてセラピストに，心理的に抱かれている感覚を味わっているように見えた。

## 第22回

### 余裕をもって入室

けい君はこの回，いつもと違う"現れ方"をした。そのゆったりとした雰囲気は，再会から5カ月を経て一定のリズムの中でセラピストと50分間過ごすことに，けい君が安心感と安定感を得たことと関係があるのではないかと思う。

けい君は1週間に1回の面接の時からこれまでずっと，来室時には脇目もふらず，自分のセラピールームめがけて突進するように入室した。帽子を目深にかぶってやってきたある時には，その部屋の方向だけを見て真っ直ぐに向かっ

---

[注7] この面接室にはもともと壁にマジックミラーが備えてあったが，セラピーの時にはかえって邪魔になるので，鏡として使えないようにしてあった。鏡の上に壁紙を貼って，さらにその上からブラインドが降ろされていた。ある時，けい君はそのブラインドを上げたり下げたりしているうちに，その壁紙の隙間を少しめくって，それが鏡であることを発見してから，小さくめくったところに自分の顔を映し出すことを楽しむようになった。

未だ，一人称で自分を指して呼ぶことのないけい君が自分の顔を鏡に映し出して，鏡に映った像を自分であると認識することは，けい君の自己感覚を促進することにつながると考えられた。そのように，けい君においてとりわけ鏡の機能が重要な意味をもつと思ったセラピストは，その後，けい君の専用ボックスに手鏡を加えた。それ以来，けい君は，その手鏡を頻繁に使うようになった。

たために，頭を待合室のサイドカウンターにぶつけてしまうことさえあった。また早く来た時には，"けい君の時間が来るまで"待合室で待つように伝えても，まったくそれを無視して入室してきた。

そのようなけい君の姿は，第18回でけい君が「タベタイタベタイ」と言いながら描いた，両手を前に突き出して"突進する"「恐竜」や"風船を目がけて飛ぶ"「ワシ」の姿と重なる。

その勢いはいつも，時間と空間の"境界を突き破る"かのようだった。

しかし，目の前のものをすぐ手に入れておかないとなくなってしまう不安がだいぶ軽減して安心感が生まれたのだろうか。けい君は第22回で，初めてとても余裕をもって，しかも楽しそうな表情を浮かべて，セラピストの待つ自分の部屋に入ってきた。

しかも，セラピストからの［おはようございます，けい君］というあいさつの言葉に，けい君が「オハヨ」と自然に応じ，心理療法が始まって以来，初めての挨拶となった。

## "喜び驚く"セラピストを想像し，演じる

余裕をもってやってきたこのセッション，けい君は大きめの茶封筒を手にしていた。そして，何度も何度もその茶封筒の中をそうっと開いては，ちらりとのぞいて，とても驚く表情をして見せた。そしてその度に，けい君は目を丸くして，大きな口を開けて，「エー!!!」「ヘエエエー!!」「ハアアアア!!」「アアア!!!」と，心底びっくりしているという大きな大げさな声を発した。

何度も驚きの声をあげながらも，けい君は封筒の中身をセラピストになかなか見せてくれないで，長いこと独り占めしていた。その間，セラピストはわくわくしながら，けい君に［何かな？……何かしら？……びっくりするもの？……いったい何が入っているのかな？……どんなものかな？］と，思わず身を乗り出して，重ねてたずねていた。しかし，けい君はどうしても見せてくれない。封筒をのぞき込んでは驚く，"一人芝居をしている"けい君に，セラピストはだんだんに，じらされているような気持ちになってくるほどだった。

そんな風に過ごしている間に，セラピストはやがてこんなことを思い始めた。けい君は，もしかしたら，セラピストがこの封筒の中身を見たときに見せるであろう，その驚きと感激を，先に自分が演じて見せているのではないかしら……と。きっと，セラピストがこの中身を見たら，とっても驚いて，そして喜ぶに

違いない……けい君はそんな風に楽しく想像したり期待して，それを先取りして自分が一足先に演じているように，セラピストには感じられてきたのである。また，セラピストにそんな風に応じてもらいたいというけい君の願望がとても伝わってきた。

**鏡に自分を映し出しながら，自分を指すはじめての言葉：ボクチャン**

　この回の少し前から，けい君はしきりに，自分の顔が映る鏡を気にするようになっていた。そして，このセッションでも茶封筒をめぐるひとり芝居をしている途中で，けい君がふと，自分の顔を鏡の中に映し出した。そしていつものように，自分の顔にしばらく見入った。その際，自分の"びっくり顔"をまるで確かめるように，鏡をのぞき込みながら何度も驚きの表情をつくった。

　そんなけい君に，セラピストが［鏡の中に……けい君……いた？］とたずねた。すると，けい君はすかさず陽気な声で「ボクチャン!!」と応じた！

　それはけい君が，自分のことを指した初めての言葉だった。

　人は，自分で自分の姿を見ることはできない。鏡に映った自分の全体像を見て，初めて"自分"をとらえることができる。ウィニコットは，"鏡に映し出される自己像の原点は母親のまなざしの中にある"ということを，「赤ん坊は母親を見ている。しかし，それだけではない。母親のまなざしの中に映っている自分を見ている」と比喩的に語っている（参考文献18）。この頃，頻繁に自分の表情を鏡に映し出すようになったけい君について，ウィニコットの言葉を思い出しながら，セラピストはこんな風に思った。セラピストが，自分（＝けい）のことをいつも"同じ自分（＝けい）だ"と見ている，その"同一性と一貫性"の感覚をけい君が経験するようになったのではないか……そしてそのことと，鏡に自分を映し出して，その鏡像が自分であると同定するけい君の体験は密接に関連しているのではないか……さらにけい君がその中で，自分というものを実感したことが「ボクチャン!!」という言葉になったのではないか……セラピストの中でそんな連想が浮かんだ。

**とうとう披露された数々の作品**

　鏡から戻って，さらに"ひとりびっくり顔"をしばらく続けていたけい君が，ようやくその袋の中身を披露してくれた。けい君自作の，たくさんの切り絵が

絵51

絵52

次々に溢れ出てきたのである。〈**絵51，52**（作品の一部，**絵51は口絵参照**）〉

　その作品の豊かさと多さに，セラピストは息を呑んだ。そして，まさにけい君が演じたような，驚きと喜びの混ざった表情で［先生びっくりしちゃったー！］という声を発した。セラピストがこのように自然な形で驚きと喜びを表出したことは，先程来のけい君の行為に応じるものでもあった。そしてそれは，"ひとり芝居"に託されたけい君の期待や思いを"十分受けとめているよ"というセラピストからの応答でもあった。

　けい君は一つ一つ取り出しては，まず自分がその作品を眺めてから，セラピ

ストに手渡した。［こーんなにいっぱい描いたの？　けい君！］と，思わず声を高くするセラピストに，けい君は誇らしげな嬉しそうな表情を見せた。

　この茶封筒に入った作品は，セラピストに渡すために持参した，けい君からの初めての"おみやげ"だった。こんな風に，セラピストが自分の作品を驚いたり，感心したりするだろうという楽しい期待がけい君の中に生まれていることがほほえましく伝わってきた。

## 絵手紙をもらったお返し

　このセッションにけい君がもってきた大きな茶封筒は，中断の時にセラピストが"会えない代わりに"毎週送り続けた"絵手紙用の大きな茶封筒"を思い起こさせた。そしてセラピストは，その頃のことを思い出した。けい君に絵手紙を作成している間中も，そしてできあがった絵を茶封筒にしたためて郵送するときも，この中身を取り出した時のけい君の喜ぶ顔をいつも想像していたのである。けい君が何度も演じて見せてくれたその驚きと喜びの顔の表情に，そんなセラピスト自身の体験も蘇ってきた。

　そしてこんなことを思った。中断の間，けい君は驚きと喜びの気持ちで，絵手紙を毎週受け取ってくれたのかな……その絵手紙のお返しに，今度は，けい君がセラピストにたくさんの切り絵をもってきて，そして受け取ったときのかつての自分の気持ちをセラピストの前で，演じて見せてくれたのかな……"こんな風に受け取っていたんだよ"と。

　それは，ある意味で時の流れを越えて共有している二人の情緒交流である。会えない間，けい君の気持ちを想像しながら絵手紙を送るセラピスト，それを受け取るけい君，そして再会後，たくさんの絵を携えてやってきて，それを見た瞬間のセラピストの気持ちを先に演じて"ひとり芝居"をするけい君，そのけい君に，かつてセラピストからの絵手紙を受け取った瞬間のけい君の反応をだぶらせて見るセラピスト……二人の間にこのような心の相互交流が起こっていたように思う。

――それから5カ月後――

## ハウスを落とす行為に変化

　けい君がハウスを突然払い落すことは，毎回ではなかったが，この頃まで続いていた。幸せを突然失う破壊的な体験を再現するかのように，やはりけい君はハウスをフロアに払い落としたり，投げ落とした。しだいにその行為は，まるでハウスが正常に置いてある方がおかしくて，ひっくり返っている方が"当然"とでもいう感じの"いつもの行為"になった。つまり，けい君は上下が正常な向きになっているハウスを見ると，ひっくり返して"これでよし"とするかのようであった。

　心理療法再開後の月1回のリズムが安定してきたと思うようになった第26回には，そうしたけい君の行為に，変化が現れた。いったんは落としたハウスを自分の手で引き上げて，しかも放り出された人形たちも，またハウスの中におさめたのである。そしてこれ以後，ハウスを落としても，落としたままで帰るということはまったくなくなった。

　この行為の変化に，けい君の中で修復する体験が根付いてきたように，セラピストは感じた。

　また10カ月ぶりに再会したときに描かれたやせほそった"ライオン"が，このセッションで生き生きとした表情を浮かべた元気な"ライオン"の絵に変化したことから，けい君の内的な自己像も回復し，安定してきたことがうかがえた。〈絵53，口絵参照〉

絵53

# 第6章
# 不在・喪失をめぐる情緒の交流
## 突然の終結に向かって

その後も，けい君との1カ月に1回の心理療法は，第28回までは，順調にその継続性が守られていた。

——2カ月間のお休み後——

## 第29回

### 病気による休み

けい君はすでに9歳8カ月になっていた。この頃，水疱瘡にかかり，面接を1回休むことになった。ところが，さらにとびひという皮膚の病気にも感染したために入院することになり，やむなく2カ月間会えなくなることが生じた。この2カ月の間，セラピストはかつてのように，けい君に，会えないかわりにやはり2通の手紙を送った。

病気から回復して再会したけい君は，病気で休んでいる間の自分の体験をセラピストにいろいろな形で伝えた。

### 絵を介して伝える

来室すると，まず最初にけい君は，（インクを消すためのペン型の）白いリキッドペーパーで白い画用紙にライオンを描き始めた。白地に白色で描くので，それはとても弱々しい，存在の希薄なライオンだった。しかも描きかけて，途中でやめてしまった。

次に，時間をかけて鉛筆でライオンを描いた。けれども，そのライオンの絵

133

絵54

絵55

を消しゴムで，ところどころ消してしまった。〈絵54〉

　これらの絵から，病気とセラピーの休みによるエネルギー欠乏のため，"りっぱなライオン"になりきれない，むしろ存在自体が危うくなっているような，けい君の弱々しい自己感が伝わってきた。

　それからまもなくして，新たな"けい君像"かと思われる表象を描いた。それは，素材がメタリックなものを思わせる"ロボット"のような絵である。〈絵55〉

　その絵に続いて，けい君はもう1枚，了解しがたい絵を途中まで描いて，部屋から出て行ってしまった。

## 永遠にお別れを感じさせる「バイバイ」の嵐

　セラピールームから姿を消したけい君は，待合室からセラピストのいる部屋に向かって，それはそれは大きな声で「バイバイバイバイ」を長く引っ張るように伸ばして言い続けた。セラピストはドアのところから顔を出して，「バイバイ」の切れ目を見つけては，けい君に語りかけた。しかし，けい君の「バイバイ」は，セラピストの顔を見るたびにいっそう激しく，嵐のように吹き荒れた。

　「バイバーーーーイバイバーーーーーーーーイバイバアーーーーイバイバアアアアーーーーーイバイバイサヨウナラ!!!　サヨウナラーーバイバーイバイバーーーーーーーーーーー

イバイバーーイバイバーーーーーーーイ」

　[けい君，病気でずっとバイバイだったものね]

「ジャアネーエエーーーーーバーイバイバアアーーイーー」

　[もう治ったからね]

「サヨーナラーバアイバアーイーーバイバイーバイバイーバ
イバイーバイバイーバイバイーバイバイーバイバイーバイバイーバ
イバイー……ジャアネーバイバイバイバイバイバイバイバ
イ……」

　セラピストは，けい君から永遠のお別れを告げられているような気持ちになっ
た。ただ一方では，その「バイバイ」を２カ月のお休みのときにけい君が体験
していた気持ちであると受けとめていたので，「バイバイ」が再び「こんにち
は」の体験に結びつくことを願って，プレイフルにドアから顔を出したり引っ
込めたりした。

　この“バイバイの嵐”は，なんと20分間も続いた。

　待合室からセラピールームに向かって大きな声を張りあげる「バイバイ」は，
おさまることを知らないかに見えた。それは明らかに，心理療法の枠を越える
行動だった。もともとそうした状況も配慮して，けい君の面接時間は，他の部
屋で心理療法が行われていない朝一番に設定されていた。それ故，いちおう物
理的には許容することができる状況だった。それに加えて，これだけの「バイ
バイ」をセラピストに向かって真剣に言い募ることが，この時のけい君にはどう
しても必要なのだと思った。そこで，この部屋の外での行動についてセラピス
トも強く制止することをしないで，基本的には「バイバイ」の気持ちと病気で
面接がお休みであったときの気持ちをつなげて，声をかけるかかわりを続けた。


**再び部屋に戻ってきて，仕上げた絵**

　思いのたけ「バイバイ」を伝えたけい君は，とうとう部屋に戻ってきた。そし
ていつもの自分の席，テーブルとソファの間のフロアにストンと腰をおろした。

　そこで，セラピストは改めてけい君に，こんな風に伝えた。

　[けい君，病気だったからずっとバイバイだったものねー……もう治ったから
大丈夫だよね。たいへんだった？　病気の時？……バイバイバイバイバイバイ
バイっていう気持ちだった？……病気の時は困っちゃうよね]

絵56

　このように語りかけられている間，けい君は退室して「バイバイ」を始める
直前まで描いていた絵に再び取りかかっていた。そしてその絵〈**絵56**〉を完成
させると，少し気持ちが落ち着いたのか，顔をセラピストの方に向けて「ウー
ウウ」と甘えた声を発した。

　けい君が仕上げた絵をよくよく見て，セラピストは驚いた。最初は了解が難
しく思われたのも無理はない。その直前に描かれた"ロボット（機械人間？）"
の体が，バラバラになっていて，しかもその部分部分がひしゃげて，ごしゃご
しゃと一塊になっている絵だったのである。

　けい君は病気で伏せていたお休みの間，心と体がバラバラでぐしゃぐしゃ
になってしまったような状態だったのでは……きっとそれほど辛い体験をして
いたに違いない……しかもここに描かれたのは生身の人間ではなくて，メタリッ
クなロボットのような表象……ロボットであれば，感情も痛みも感じないで済
む……

　そんなことをけい君の2枚の絵から，セラピストは感じとった。

## 苦痛な体験をそのまま再現する

　それからまもなくして，けい君はセロテープを長く引っ張って，4重にも5重
にもギューギューとお腹にきつく巻き付けて，とても苦しそうな格好になって
そのままソファに横たわり，静かに目を閉じた。その行為は病気で苦しみなが
ら寝ていたことを，そのまま再現して"ぼく，こんなにたいへんだったんだよ"
とセラピストに伝えているようだった。そこで，セラピストは，[病気の時は，
そんなに苦しくてたいへんだったのね]と応じた。

すると，まもなくして目を開けたけい君は，体に巻き付けたセロテープを自分から剝がして体を再び楽にさせた。その姿にセラピストは［よかったね，また体が回復してきたみたいだね］と語りかけた。

## ずっと待ってたセラピスト（＝"ぞうさん"かあさん）

　さらに，セラピストはけい君に語りかけた。

　［病気で，どうしているのかなーって，先生，思っていたよ……もうすっかり大丈夫？］

　すると，違う方を見ていたけい君は，セラピストの方に体全体をくるりと振り向けた。そして，セラピストの顔を一瞬，無心に見つめたけい君から，こんな思いがけない言葉が戻ってきた。

　「ずうっとまってたね」

　けい君が自発的にセラピストに向かって問いかけてきた，その言葉に驚きながらも，セラピストは，こう応じた。

　［待ってたよ！　ずーっと待ってたよ］

　するとけい君は突然，大きな声でセラピストにたずねた。

　「ゾウサンネ ???!!!」

　そこでセラピストは，さらにこう伝えた。

　［うん，ぞうさんの，きっとおかあさんもね，ずうっとね，子どもがよくなるの，待ってると思うよ］

　気持ちのこもった言葉が生まれた瞬間だった！

　これまでの流れから，「ゾウサン」はけい君にとって，母親像（＝セラピスト）のように，セラピストには感じられていた。しかも"ずうっと待ってたね"は，明らかにセラピストとの間における"情緒的対象恒常性"への問いかけだった。

## 苦しみを具象化して再現：口と鼻と目"セロテープベタベタ"

　それからすぐに，お休みの間経験していたと思われる苦痛で孤独な体験を，もっと具象的な形でセラピストに伝えてきた。

　けい君は，まず真一文字に結んだ口に，ピーッとセロテープを貼った。それから，指を鼻の穴に近づけて息がもれていないか何度も確かめながら，鼻の両穴をセロテープでふさいだ。そして最後に両目を閉じてその上から，やはり長

## アーティキュレーション（articulation）

　間主観的アプローチの提唱者であるストロロウ（R. D. Stolorow）は，クライアントが自分の体験を表現することをめぐって，「主観的現実は，共感的共鳴のプロセスを通して，アーティキュレーションされる」（参考文献19）と述べている。丸田先生は，この"アーティキュレーション"が，けい君とのかかわりあいの中にたくさん起こっていることについて言及されると同時に，この言葉に含蓄されている体験の意味をわかりやすく説明された。

　それまで，もやもやとして自分でもわからないでいた体験が，セラピストとの関係性の中で，自然な感情と共に表出される局面がある。その時，曖昧模糊としていたものは，"ある一つのまとまり"をもった実感として体験される。それが言葉を介して表出されるときに，内的な体験がアーティキュレーション（言葉化）されたと言う。しかし，アーティキュレーションは，必ずしも"言葉"として表現されるものにとどまらない。けい君との交流の中に見られたように，セラピストとクライアントの間である種の情緒体験が共鳴するプロセスの中で描かれた"絵"や"プレイ"などによって，それまで曖昧だった内的な体験がある形になって現れた時に，その体験はやはり，アーティキュレーションされたという。

　丸田先生が着目された"アーティキュレーション"をめぐる体験は，けい君とのかかわりあいにおいて，私にはとてもしっくりする臨床感覚であった。けい君は，セッションの中でたくさんの絵を描いている。それは，セラピストと共にいる体験の中で，生まれた絵である。彼はそれまで表すことはなかったが，しかし自分の中にあった何らかのまとまらない体験を，絵によってアーティキュレーションしているといえるであろう。それらの絵によって内的な体験をセラピストと共有する，その交流の積み重ねが，さらに，「ずうっとまってたね」というけい君の新たな"言葉によるアーティキュレーション"を生み出したといえる。彼が休みの後の再会のセッションで発したアーティキュレーション（言葉化）：「ずうっとまってたね」は，彼のセラピストへの願望，期待がひとまとまりの情緒として実感された瞬間であろう。

く切ったセロテープを目が開かないように貼った。顔の穴という穴をセロテープでふさいでしまい，けい君は自分を“息もできないような状態”にした。とくに，鼻の穴をすきまなく上手にふさごうとしているけい君に，セラピストは呼吸ができるか心配になって近づき，［もう，やめよう］とブレーキをかけるほどの迫真の行為だった。

　“今，この場で”，文字通り自分が苦しくなる行為を体を張って示すことによってしか，けい君はそのたいへんさをセラピストにわかってもらえないと思ったのだろうか。

子どものセラピーのキーポイント

### セラピストのアクティヴィティ（activity）

　セラピストは50分のセッションの間，自分の椅子からほとんど離れることはない。子どもは部屋の中で，セラピストに近づいたり離れたり自由に動くが，セラピストはめったに動くことはない。まるでそこに根をおろしているようにどっしりと構えている。そのようなセラピー空間の中で，子どもはセラピストの位置を物理的，そして心理的に徐々にとらえていく。

　セラピストが動かず一つ所に，いつも座していることによって，あてどもなく動き回る子どもにも変化がみられるようになる。セラピストの動じない体は，その子どもにとってアンカーのような意味をもち，落ち着かずふらふらしている子どもの体を見えない筋（もやい）でつなぎとめるような“動き”の要になることもある。

　また，セラピストがそばにいることを忘れて“心ここにあらず”でぼんやりしたり，セラピストの存在を認識もせずにひきこもっているように見える子どもの場合にも，“動かないセラピスト”は，その子どもの体験に大きな意味をもたらす。いつも同じようにそこにいて，同じ態度で自分に関心をもち続けているセラピストの存在に気づくことを積み重ねるうちに，ふとした瞬間に“人と共にいる”感覚をもつ，そんな心のよりどころ，心の繋ぎ目が二人の間に生まれてくるかもしれない。

　しかし，子どもの行動に危険を感じたとき，また心理療法の構造に破綻が生じる怖れがあるときには，セラピストは受け身的になっている姿勢から転じて，アクティヴィティ（能動性）を発揮する。

この時のけい君に戻ると，息ができないようにセロテープをべったり貼るその行為は，けい君の身に危険が生じることをセラピストに感じさせるものだった。

セラピストはけい君に近づいて，その行為にブレーキをかけようとした。しかし，けい君は“邪魔しないでくれ”と言わんばかりにセラピストの動きを遮った。そして，けい君はセロテープで口をふさいだまま，つぶれた声で再び「ジャアネ，バイバイ！　バイバーイバイバーイバイバーイ……」と告げた。

セラピストは，その死ぬほどの苦痛がよく伝わっていることを語りかけながら，最後に［そんなに苦しかったんだね……けい君，また生き返ったよ］と伝えた。

それからまもなくして，けい君は自分でセロテープを勢いよくはがしていった。ようやくけい君の中で，この行為に託した気持ちがおさまったのだとセラピストは思った。

## 表情を鏡に映し出す行為

けい君はセロテープを顔に貼りつけたとき，その顔の状態のまま，なんとか薄目を開いて鏡をのぞき込んだ。それは，第22回の時に“びっくり顔”を鏡に映し出した時と同じようである。あの時も，自分が表そうと意図した表情を顔面につくりだして，それを鏡に映して見て，それが実際にどんな風に見えるかを確認しているようであった。今回も，果たして自分が表そうとしている顔の状態と鏡に映った現実の顔が一致しているだろうか……そんな確認を求めて，セロテープを貼り付けた顔を鏡に映し出したように見えた。

またけい君は，こうして心身の体験を顔に表して，それを鏡の中に見ながら，さまざまな情緒に結びついた体験をひとつひとつ自分のものとして，受けとめなおす経験を重ねているようにセラピストには感じられた。

---

### 第30回

---

## 切れ目をつなぐ象徴的な行為

次のセッションにけい君は絵本を持参した。その絵本は，これまで“相当に使い込んだ”と見え，かなり年季が入っていて破れ目切れ目がたくさんあった。けい君はセラピールームに入るとすぐにその絵本の切れ目をつなぎ，破れ目を

補修する作業を始めた。その時に用いたのは，前回，自分の口と鼻と目をふさぐために使ったのと同じセロテープであった。

　第29回で，顔の中の切れ目，穴にびっしりとセロテープを貼った行為を介して，休みによって生じた"切れ目"をめぐるけい君の苦痛な体験がセラピストに伝わってきた。

　しかしもう一方では，その切れ目や穴をふさぐことによってセッションとセッションの間の"切れ目"や，休みによってあいてしまうセッションの"穴"を"ないことにする"という意味もあの行為から読み取れる。また目をふさぐことによって，セラピスト不在の事実とその痛みを"見ないでおく"という意味も読み取ることができる。

　いずれにしてもそれは，2カ月間の亀裂をめぐる体験がまさに"体現された"と，セラピストに感じられるような**身体的具象的表現**であった——それをある意味で十分に体験し尽くし，さらにセラピストにその体験を伝えることができたという実感を得られたからであろうか——次の第30回でけい君は，その分離にまつわる体験を"具象的な体現"ではなく，絵本の切れ目をセロテープで綴じ直すという"象徴的な作業"に置き換えて経験しているように，セラピストの目には映った。

## 子どものセラピーのキーポイント

### セッションとセッションの間を埋める象徴的な行為

　"セッションとセッションの間"を子どもはどんな風に体験しているのであろうか。子どものさまざまな表現からその体験を推測してみる。とりわけ再会したときの子どもの表現を細やかに見ていく。すると，セラピストと分離している間の体験を，反復的な行為や象徴的行為，あるいは遊びに置き換えて表していることに気づく。または，その体験をめぐって，直接セラピストに問いかけてくる子どももいる。それぞれのケースにおいて，それらの体験がどんな風に現れているか，子どもが分離をどのように体験しているか，またそれをどのように乗り越えようとしているか。さらに，その表現がセラピーの経過の中でどのように変遷していくかなどに注目することは，その子どもの情緒的対象恒常性に基づく情緒発達がどの段階にあるか，ひいては子どもとセラピストの関係性がどのような状態であるか

を理解する手がかりになる。

　ここで簡単に神経症水準の子どもと，自閉的な子どもの2つのケースを例に挙げてみたい。

### 神経症水準のA君
　3歳半のA君は，2歳下の妹の誕生によって母親の自分への関心や愛情を失う不安から情緒的に不安定になっていた。そんなA君が，心理療法が始まって初めての夏休みを迎えた後のセッションで，もくもくと粘土を細かく切っていた手をとめて，こんな風に問いかけてきた。「せんせ，Aちゃんがいないときどうしてたの？……Aちゃんの夢みてた？」……このセラピスト不在に対する問いかけに，セラピストが〔夏休みが入って，長く会えなくなって心配していたの？〕と応答すると，A君はしだいに「毎日，ここに来たい」気持ちと「心配してた」気持ちを言葉にしていった。こうして休みの間の心配な気持ちをめぐってセラピストとの間に情緒の通いあいが生まれると，A君は細かく切り分けていた粘土をひとまとめにする作業に移った。
　このA君の行為の変化，つまり"切り分ける（＝分離）"から"ひとまとまりにする＝（再会）"への移行は，情緒を伴った言葉によるやりとりとマッチしていた。
　そのような交流を重ねながら4歳になったA君は，セッションが終わりに近づくと2台の車をひもで結びつけてから，帰る間際に「超ずっとこのままにしておいて，今度の時までこうしておいて」と頼んだ。また自分の名前を文字のマグネットでつくって壁に貼り，「このままにしておいて，ずーっとずーっとこのままに」と頼んだ。A君の切なる願望（自分とセラピストの結びつきを2台の車に託して「超」がつくほどずっと永遠につなげておいてほしい／自分の名前をセラピールームにこのまま残しておいてほしい）は，"セッションとセッションの間"，会わない時も先生は自分のことを忘れないでいてほしい，ずっと自分のことを心の中に抱いていてほしいという情緒的対象恒常性をめぐる願いであるとセラピストは受けとめた。そんな思いを伝えるA君に，セラピストは〔ずーっとずーっとこのままにしておいてほしいんだね〕と，心から応じた。するとA君は，実際に

次のセッションの時に，2台の車がつなげて置いておかれていなくても，自分の名前の磁石が壁に残されてなくても，そのことにこだわることはなかった。実際に願望がかなわなくても，セラピストに“このままにしておいてほしい”という，その思いをそのまま受けとめてもらえたという体験が大きかったのだと思う。こうしたかかわりあいの中で，セラピストに対する情緒的対象恒常性を安定して体験しながら，一時的に揺らいだ母親に対するA君の情緒的対象恒常性は回復していった。（参考文献5, 20）

### 自閉的なB君

　4歳の自閉的なB君の心理療法では，家庭の事情による突然のキャンセルが頻繁に起こっていた。やっと面接に来られて再会しても，セラピストに背を向けて，長い時間フロアに座り込んでぼんやりしていた。ようやく組み立て式の木製のバスに手を伸ばすが，それをばらばらにして長い間ぼんやりしてしまう。しばらくすると時間をかけてそれを組み立てる。そして少し走らせたかと思うとまたばらばらにして，再びぼんやりしてしまう……そんな行動を繰り返した。それらの行為とB君の現実の状況がセラピストの中では重なっていた。“なかなか再会できない”“ようやく再会してもまた突然お休みが入ってしまって先に進めない”，そんなB君の現実をめぐる心的状況がその一連の行為に表されているように感じられたのである。
　しかし，そうした理解のもとに心理療法が進み，1年余り経つとB君はセラピーの中で二人で描いた絵を自分の作った紙の袋に入れて持ち帰るようになった。それは，再会できるかわからないけれど，次に会えるときまでのお守りのような機能を果たしているようにセラピストには受け取れた。その頃のB君はセッションの終わりになると，決まって袋づくりに熱中した。1枚の紙を2つ折りにして，その両側を短く切ったセロテープで一寸のすきまもないほどぎっしりと貼っていく。中身を取りこぼさないようにと水も漏らさないかのような袋づくりは，かなり強迫的な色彩を帯びていた。その段階では，まだほんとうの意味で安定した“分離と再会”の体験をもてないでいたからだと思う。しかし，この袋づくりは象徴的な行為の芽生えであり，この行為はやがて1年余りのプロセスの中で，建設的な遊びに発展，移行していった。（参考文献5, 6）

このように“セッションとセッションの間”の体験の表れの推移と，その子どもの心の発達は，密接に結びついていることが，さまざまなケースの中で実感される。

---

けい君の症例に，再び戻りたい。絵本を補修した次のセッションである。

第31回

### 母とのつながりを歌う：♪つなげつなげ！　子どもも親も！♪

けい君はこのセッション，入室するなり，長い時間，歌を歌って過ごした。その歌詞に耳を傾けながら，セラピストは以前けい君が描いた「気球」の絵〈絵26〉（93頁参照）を思い出していた。それとともに「お母さんは星になった」と聞かされているけい君の心のことを想っていた。

　♪マインハンチング♪　キキュウデウマレ，キキュウデソダツ　ステキナホシノコドモタチサー♪ツナゲ，コドモモ……オヤ！　モ……ツナゲツナゲ♪マインハンチング……♪
　♪気球で生まれ，気球で育つ，すてきな星の子どもたちさー♪つなげつなげ♪子どもも親も！　♪つなげつなげ♪マインハンチング♪気球で生まれ気球で育つ……つなげつなげ……♪……すてきな子どもの宇宙船♪……ぼくらをのせて星のオー歌でカーケマーワールーー♪♪

　この歌の中で，♪つなげつなげ子どもも親も♪，♪すてきな星の子どもたち♪というフレーズが，セラピストの心に響いてきた。母とのお別れの作業をしている，けい君の心のプロセスの中で，歌われているように思われた。

### 「悲しい」感情が言葉になりかける：「カナ!!!」

セッションの終わり近くに，けい君は切り絵を始めた。そしてキリンの体にセロテープでしっぽをくっつけて完成させようとしていた〈絵57，口絵参照〉。

けれども細いしっぽが，手からすべり落ちて，何度やってもどうしてもうまく体にくっつけることができなくて，気持ちが興奮してきた。そのときのセラピストとの会話の中で，思わずその気持ちが，情緒と結びついて発せられそうになった瞬間があった。

それはこんな風なやりとりだった。

落ちてしまうキリンのしっぽに，突拍子もない声をあげる。

「アレーー??!!」

その状況に，セラピストが言葉を載せて［しっぽが落ちちゃったよー］と言う。するとけい君は，「オチチャウ!!!」と，涙は出ないが泣き声になる。

［かなしいねー］

「カナ!!!……オチチャウ!」

［もう1回しよう］

「モウ1カイ」

［かなしいね……しっぽが取れちゃう。痛いものねー］

「ワー！　イタイヨー!!」

絵57

落ちてしまうキリンのしっぽをめぐって，泣きそうになっているけい君の気持ちをセラピストは言葉にした。その語りかけ［かなしいねー］に応じて，瞬時に発せられたけい君の「カナ!!!」という言葉に，セラピストはけい君の口から"かなしいよー"という気持ちを伝える言葉が"出てきかけた"ように思った。

――それから5カ月後――

## 第34回

## 3カ月ぶりの再会

それから2セッションを経て，祖母の病気やけい君自身の風邪などのために，またもや3カ月のお休みが入ってしまった。セラピストはやはり，その間，会えない代わりに，けい君に手紙を送って，次の再会につなげた。

そして，ようやく再会の日を迎えた。けい君は10歳3カ月になっていた。

さて，セラピストの待つ建物に到着し，入り口のドアを開けようとしたまさにその瞬間，けい君は家から持参した愛用のお絵かきのペンのセットが"ない！"ことに気がついた。祖母の話によると，どうやら来る途中の電車の中で忘れてしまったらしい。けい君は待合室に入って，すさまじい声をあげて泣いてパニックになった。祖母の袋の中を探しても見つからず，怒って祖母をたたいたりしてたいへんな騒ぎになった。

3カ月ぶりのセラピストとの再会の寸前に，大事なペンをなくしたことに気がついたことは，大事な3カ月間のセッションを失ってしまったことと，関係があるようにセラピストには思えた。パニックになっているけい君にセラピストは，[せっかくもってきたのに，なくしちゃって，残念なことしちゃったね……]と声をかけながら，泣き叫び続けるけい君のそばにいて，心の騒ぎが落ち着くのを待った。

そして時間になったところで，セラピールームに招いた。

## なくしたものを思い出す

けい君は，いろいろな音と語を合成して即興の言葉をよく発するが，このセッションでは，パニックがおさまって入室してからこんな言葉を繰り返した。

「ンンーモッローモッロー！　オッサマハ，ネチャッタヨーリル！
……ンンーモッローモッロー！　オッサマハ，ネチャッタヨーリル！」

それからまもなくして，けい君は再び，なくしたペンのことを思い出したらしく，ふらふらとセラピールームの外に出て行き，「ウラアアーアアアーブー」と悲鳴をあげた。セラピストは，[思い出しちゃった？……なくしちゃったの？]とたずねて，お部屋に戻るようにという合図の手招きをした。すると，

けい君はまた「ウラアアーアアアーブー」と声をあげながら，セラピールームに戻ってきた。

### なくしたものは戻ってこない：「クヤシイ」

　けい君は，しばらくソファにねころがって，ぼんやりして過ごしていた。

　すると自発的にこんな言葉を発した。それはまさにけい君が味わっている喪失をめぐる気持ちを，自分から初めて "言葉にして" 表出した瞬間である。

「クヤシイークヤシイー」

　そして，けい君は何度も，この言葉を繰り返した。

「クヤシイークヤシイークヤシイークヤシイークヤシイークヤシイー」

［くやしい？］

「クヤシイー」

［ほんとに，くやしいことしちゃったね］

「クヤシイークヤシイークヤシイークヤシイ」

［くやしいねー］

「クヤシイークヤシイー」

［くやしい思いしちゃったね……けい君いっぱい絵を描こうと思ってきたのにね］

「ウーウウ」

［うん……気がついた時，びっくりしちゃったんだね……きっとね……どこにいっちゃったんだろうって……うーん……］

「クヤシイー」

［くやしいね，ほんとにね］

「クヤシイークヤシイークヤシイー」

［くやしいことしちゃったね］

「クヤシイークヤシイー」

［先生とけい君も，11月と12月会わなかったから……それも，うしなっちゃったねー］……

「クーヤシーイ」

［うーん］

「クヤシーイ　クヤシーイ　クヤシーイ」

［なくしちゃったからね］

「クヤシーイ　クヤシーイ　クヤシーイー」

［うん］

「クヤシーイ　クヤシーイ」

［うん，そうだね］……［うーん］……

［なくしちゃったもの見つからないとくやしいね］

「クヤシーーーイイイ」

## 絶望的な悲鳴：「アアアアアアーーーー……」

　それから，けい君は大きなガラガラという音をたてて，ハウスをフロアに落とした。その時，けい君は息が続くまで，だんだん声がかすかになるまで，絶望的な悲鳴をあげた。

「*アアアアアアアアアアアアアーーーーアアアアアーーーーアアアアアアーーーーーーーーーアアアアアーーーーーアアアアアアアアアアーーーーーアアアアアアアアアアアアアアアアアアアアアアアアアアアアアアアアアアアアアアアア……………………*」

　けい君の声は，奈落の底に突き落とされたときのような悲鳴に聞こえた。

　セラピストはそこで，こんな風にけい君に語りかけた。

　［けい君，突然いやなこととか，困ったことがあったときは，こんな風な気持ちかな？　突然，バーンて，おうちごとおっこちちゃうような気持ちになるかな……大事なもの，なくしちゃったとき……もう取り返しがつかないよーって……今日は大事なもの，なくしちゃって，くやしかったね……悲しいし怒っちゃったんだよね］

　"なくしたものは取り戻せない"現実に直面したときのけい君の情動体験は，"なくしたペン"のことを通して，"失った2回のセッション"をめぐる体験，さらにもっともっと奥には"母親の喪失"をめぐる体験と，どこかで結びついて体験されているのではないかとセラピストは思った。

## 第35回

## 初めて怒りをあらわにする

　その次の回のことである。心理療法が始まって以来，初めてセラピストよりも少し早くけい君は訪れた。いつもセラピストがけい君を迎え入れるのが常であったが，この日はけい君の方がいつもより早く到着したのだった。入室してから，けい君はひきこもるように抑うつ的になっているように見えた。

　そこで，いつものようにセラピストがけい君を迎えなかったことについて，こんな風に語りかけて，その時の気持ちをたずねた。

　［けい君，今日来た時，先生のことが見えなくていつまで待たされるのかなーと思ったのかな？……あれ，どこに行っちゃったのかなーと思っちゃった？］

　すると，けい君は初めてセラピストに対する激しい怒りをあらわにした。怖い顔をして，突然手を振り上げて，もっていたペン先で思い切りセラピストの膝を突いた。

　その痛みに，セラピストは思わず，［あ!!］と，大きな声を出した。けい君はペンをもったまま両手を挙げて，上半身が仁王立ちのような格好になった。

　［怒ってたの？　けい君……先生いないなーって］

　すると，けい君はそのペンで自分の膝も，試すように二，三度突いた。それはまるで，セラピストに与えた痛みを，確認するかのような行為に見えた。あるいは，怒って相手に痛みを与えるだけでなく，自分も同時に痛みを感じるというような"怒り"をめぐる対象との新しい体験をしているように見えた。

## 悲しみの涙

　セッションの終わりが近づいた。セラピストがそれを伝えると，すべての動きが止まって静かになったけい君の目にだんだん大きな涙があふれてきた。そしてその涙が静かにほおをつたって流れた。けい君が悲しい気持ちを静かに感じているように見えた。

　"待っているはずのセラピストの不在"に対する怒りから始まったこのセッションの終わりのやりとりは，実際こんな風であった。

［あと，もう少しで終わりの時間ね］……［来月4月も会いましょうね……今度は10日ね，4月］

「ウワアアアアアア!!」と大きな叫び声をあげる。

［うわああ，びっくりしたー!!　どうしたの？……けい君？］

「エウン」……（みるみるうちに目に涙があふれてくる）

［あー……悲しくなっちゃった……うーん］

……（けい君の目から，涙の粒が落ちる）

［大きな涙がこぼれちゃうねー……そうだねー……急に，悲しくなっちゃったのねー］

……

［また，会いましょう，けい君……今度は4月10日ね］

「フワアアアアアアア!!!!」

……

怒った口調で，「マタアイマショ」

［また，会いましょう……］

ふくれた顔をしているけい君に，［怒っちゃうんだね］

「フオオオーー!!」

［うん，悲しくなったり，怒りたくなっちゃったりしたね］

終わりの時間を共有し，けい君の情緒が深く伝わってきたこのセッションの最後の数分間は，その実際の時間よりもずっとゆっくりと流れたように感じられた。

## 鏡に悲しい顔を映し出す

けい君はこの時も，涙があふれている自分の顔を手鏡に映し出した。この行為は悲しみの感情の中にいる自分の表情を確認しているというよりも，悲しい気持ちになっている自分を映し出しながら，そのあふれる情動を落ち着かせているように見えた。

## 情緒を抱えてもらった満足：「おっぱい」

このセッションが終わって，待合室から廊下に出ると，けい君はそれはそれは大きな声でのびやかに歌うように，そして誰かを呼ぶように，こんな風に言

いながら帰っていった。

「おっぱいーおっぱあーい！　おっぱいーおっぱあーい！　おっぱいーおっぱあーい！　おっぱいーおっぱあーい！　おっぱいーおっぱあーい！　おっぱいーおっぱあーい！　おっぱいーおっぱあーい！　おっぱいーおっぱいーおっぱいーおっぱいーおっぱいーおっぱい……」

　その姿が見えなくなっても，声だけがいつまでも聞こえていた。
　一緒に帰る祖母はとても恥ずかしいと困り顔をしていたが，セラピストはけい君の遠慮のない伸びやかな声の響きに心地よく耳を傾けていた。それは，けい君がこのセッションで，今まで直接あらわすことのなかった怒りと悲しみをあらわし，しかもその情緒をセラピストに心理的に抱えてもらった満足を表しているように感じられたからである。

---

**第36回**

### “終わり”に発した言葉：「ハナシテヨー」

　次のセッションの終わりの時間のことである。終わりを告げられても，けい君はなかなか終えられなかった。そこで，広げてあった折り紙を片づけるために，それらにセラピストが手をふれたとき，けい君はこんな言葉を訴えるように発した。

「ハナシテヨーハナシテヨー!!」

　この言葉にセラピストは，「離してよ」と「話してよ」の二重の意味を読みとった。つまり片づけようとするセラピストの手をペンや折り紙から「ハナシテ」の「離して」は，時間が来て“離れること”，“終わりの分離”を意味している。またもう一方で，「ハナシテヨー」は，お別れすることをめぐって受け入れがたいいろいろな気持ちのことを，また“お話してよ”という意味にも受け取れた。それは前回，セラピストに対する悲しい気持ちや怒りの気持ちをともに体験したときに，二人の間に体験された言葉と情緒の交流のことを言っているようにも感じられた。

## "話す"ことが気持ちと関係あること

　この頃祖母から聞いた興味深いエピソードが思い出された。けい君が自分の思うようにならなくて衝動的に怒りが高まった時に，思いきり祖母に噛みついたが，それから少しして，「ごめんね，お話しようお話しよう」と祖母に繰り返し言ったとのことであった。

　セッションの中での「ハナシテヨー」と祖母への「お話しよう」をつなげてセラピストは想っていた。けい君の中でどうにもならない感情が高まったとき，またそれによって相手を傷つけたり壊してしまったのではないかという不安に襲われたときに，その相手と"一緒にお話すること"が自分の感情をおさめる体験につながってきたことを物語っているよう……と。

---

第37回

---

## 男の子としての体の成長

　その次のセッションのことである。小学校5年生，11歳半になっていたけい君の体の成長をリアルに目の当たりにすることが生じた。

　このセッションの半ばまで，主にビー玉と鏡に関心が集中していた。鏡に顔を映し出しながら，しばらくソファにうつぶせの姿勢になっていた時のことである。けい君はそのままの姿勢で，「ブンワワワッワーワワー」と体をはずませて声を発したりしてから，少しぼんやりしているように見えた。すると，「アイイイーダアアー」という声を出してから，寝たまま体の向きを変えて，びっくりしたようにズボンをすっぽり降ろした。そして大きくなっている自分のおちんちんを見つめた。

　心理療法初期に一時期見られた自慰行為は，面接室でも家庭でもすでになくなっていた。そのことから，この時のけい君の体験について，セラピストはこんな風に思った。男の子としての体が成長してきたことによって，気持ちとは別に外的な刺激などによって生理的に反応する性器に，けい君のとまどいが生じているのではないかと。このセッション以外にも，その後，まったく別のことに夢中になっていたときに突然，何か身体感覚を感じたらしく，ズボンの中を気にすることがあった。そのときけい君は自分のおなかの上で小動物が動き出したのではないかというような驚きの顔をして，おちんちんを見つめていた。

## 体の変化へのとまどいへに対する現時点でのかかわり

このような時にセラピストは，けい君のこの体験を見て見ぬふりをしてさらりと流してしまうことなく，また強いて大きな反応をして見せてけい君を驚かせたり，あるいは性器への関心をむやみに強化しないように注意を払いながらかかわることを心がけた。たとえば，その状況を共有して，[こすれちゃうと大きくなっちゃうんだものね][急に大きくなってびっくりしたね]とか，いつまでも気になって見ていると[しまっておきましょうね]とか，また，気になっていじろうとする時には[やめようね，しまいましょう]というような声かけをした。

こうして体の変化にびっくりしてしまう気持ちを共有するとともに，社会場面でズボンを降ろして性器を見たり，さわったりすることがないようにと配慮してかかわった。その後，面接場面で性器を気にすることは認められなくなったが，その背景には，セラピストのかかわりだけでなく，養護学校の担任の先生方によるけい君および保護者への配慮の行き届いた教育的なかかわりもあった。後に述べるように（167〜170頁参照），セラピストは担任の先生方との交流も大事にしていた。その中で身体的な発達に伴うけい君の心理的な戸惑いについても，先生方と話し合っていた。そしてセラピストは，学校でもけい君の成長に合わせた性教育が継続して行われていたことに安心を得ていた。

---

### 第40回

---

## セッションの終わり

さて，あの「ハナシテヨー」とけい君が声を発した第36回から，4カ月後のセッションのことである。セッションの終わりにけい君が感じている情緒が伝わってきた。

第40回の終わりに，リスの人形をいとおしそうにさわって終わりがたい様子でいるけい君に，[お別れしがたいね，残念ね，終わりになっちゃうの]と声をかけていると，けい君はリスの両目を指で覆った。そこでセラピストが[目が見えなくなっちゃう，さよならだね……そう，けい君の姿も見えなくなっちゃう。リス君からも先生からも見えなくなっちゃう]と言うと，けい君はしばらくリスを静かにさわってからしずしずと，さみしい情緒が伝わってくるような

動きで退室した。

## 再会・発見の喜びから不在の痛みへ

　セラピストのけい君へのかかわりは，心理療法の初期から，そして中断を経て再会に至るまで，"再会"に強調点があった。あの男の子の人形を放り投げては助けるけい君への言葉かけに代表されるように，［大丈夫？　見つかってよかったね］と，分離してもまた再会できること，発見できたことの喜びの情緒に一貫して応答していた。しかし，けい君との間で，"再会の期待がもてる"分離体験を積み重ねるうちに，再会の喜びは一段落して，むしろ"不在"とそれに伴う"痛み"を受け入れるテーマが大きくなってきた。

　セロテープで体を窮屈に巻いたり，目と鼻と口に隙間がないように貼ったあの行為も，会えない間の苦痛，セラピスト不在の痛みを伝えているように感じられた。そして，この第40回は，リスの人形の扱いを通して，別れに伴うさみしさがしんみりと共有されるようなセッションであった。

第42回

## 終わりに，両腕に抱えられた動物たち

　第42回で，けい君はたくさんの生き生きとした動物を9匹描いた。そしてそれを一つ一つ切り取って，セラピールームのフロアいっぱいに広げた。終わりが近づいたことを告げられると，"終わりにびっくりして逆立ちになってしまった"ようなブタの絵を描いた。〈絵58〉

　それからフロアにのびのびと広げられた，さまざまな表情のさまざまな動物〈絵58～66〉について，セラピストはこんな風に伝えた。

　［この子たちはみんなけい君の心の中にいる子たちみたいだね。あのライオンみたいな気持ちもあるし，このキリンさんみたいな気持ちもある……］

　すると，最後の最後に，けい君はそれらの絵を全部，両腕にひとまとめに抱えた。そしてセラピストの膝の上にそのままひとまとめに載せた。けい君は，いろいろな気持ちを表した動物の絵をこうしてセラピストにあずけて，このセッションを終える気持ちに向かった。この行為は，"動物たちのさまざまな表情

は，けい君のさまざまな気持ちでもある”という，セラピストの言葉への応答のように感じられた。

　そして，とても穏やかに，けい君はこのセッションを終えた。

絵58

絵59

絵60

絵61

絵62

絵63

絵64

絵65

絵66

---

## 第45回

**お休み：「ドコニモミエナイ」**

　さらにそれから，5カ月後，1回のお休みが入った。すると，再会した第45回で，けい君は〈**絵58**〉と同じような"逆立ちしたブタ"の絵を再び描きながら，その時，こんな風に呟いた。

　「ドーコニモミーエナイワ」

　セラピストは，けい君が"逆立ちしたブタ"の口を借りて，"お休みの間，セラピストの姿がどこにも見えなかった……"と，言っているように聞こえた。

そこで，こんな風に応答した。

［お休みの間，先生もけい君も姿が見えなかった……どこにも見えなかったね］

　先述したように，かつてけい君にとって，分離が“再会の期待を抱けない”喪失，剥奪として体験されていた心理療法前半期は，“再会してうれしい，よかったね”という感情を共にする体験が大きくクローズアップされていた。しかし，この段階になると，けい君とセラピストとの間で，“会えない間の体験”，たとえば“苦しい”“見えない”という対象の不在をめぐる体験を伝えあう関係性が深まった。こうした関係性が生まれたのも，“関係性”への信頼がけい君の心に根付いたからであると思う。けい君は，心理療法の中で“情緒的対象恒常性”を実感しながら，突然対象を失うことはない，対象が忽然と目の前から消えることはないという，安定した心の基盤をもてるようになったと，この頃セラピストは感じていた。けい君は11歳7カ月になっていた。

---

第46回

## けい君の［気持ち］と「キモチ」

　すると，次の第46回でけい君は，お絵かきを介して“お別れの気持ち”を表した。

　まず，この回のはじめ，けい君はこんな風に言って，部屋に入ってきたのでセラピストはびっくりした。

　「ココロ」

　セラピストは，けい君の「ココロ」という，はっきりとした声に，とても驚いた。

　普段，けい君に語りかける時，セラピストは［心］という言葉をほとんど用いることはなかった。しかし，第42回で，セラピストは，けい君の描いた9匹の動物たちについて，［けい君の心の中にいる子たちみたいだね］と，確かに**こころ**という言葉を使って，けい君に伝えていた。けい君から発せられた「ココロ」は，そのことと関係があるのだろうか……けい君との間では，しばしばこうした不思議な交流が生まれる。

## けい君の絵に“ストーリー”を読み取る

　それからけい君は、「ナニナニナナナニナニナナニナニナニナニナニナ……」とリズミカルに歌うように言いながら、まず4枚の絵を一息に、折り紙に描いた。〈絵67〜70，口絵参照〉

　1枚目には、菱形の中に星が描かれている。2枚目には、その菱形の上に男の子が立っている。さらにその上の方に、雲が描かれていることから、星模様入りの空飛ぶ絨毯かもしれない。それから3枚目には気球、4枚目には男の子が乗っている気球の絵が描かれた。いつも、搭乗者のいない乗り物の絵を描いていたけい君が、こうして乗り物（気球）に人物を乗せた絵を描いたのは初めてである。中断の間、セラピストが送った絵手紙は、敢えて乗り物に男の子を乗せて描いた。けい君がそのイメージをいつのまにか心の中に取り入れたのかもしれない。

　この4枚の絵を見ながらセラピストは、祖母がけい君に伝えたという言葉を再び、思い浮かべた。「おかあさんはお空のお星様になって、もう会えないのよ」……そう、伝えられていたけい君は、“空飛ぶ絨毯に乗って”あるいは“気球に乗って、お母さん星を訪れる”ストーリーを空想の中で創り出しているのではないかと思った。けい君の一連の絵に、セラピストはそんなけい君の“願望のストーリー”を読みとった。

　そして、これらの絵を描いたすぐ後に、けい君は男の子が気球に乗っている絵を手にもって、宙を飛んでいることをイメージしているようにそれを動かしたりしながら、とても満ち足りた表情をしてフロアに置いた。その後に、こんな言葉を繰り返したけい君に再び驚いた。

　　「キ・モ・チ！　キ・モ・チ！　キ・モ・チ！」

　それは、「うれし！　うれし！　うれし！」という喜びの感情を載せて、「キモチ！　キモチ！　キモチ！」とけい君が言っているように、セラピストの耳に響いた。

## セッションの終わりが近づいて

　このセッションの終わりが近づいたとき、けい君はこんな絵を描いた〈絵71〉。第42回では、一つ一つ別に描いた9匹の動物たち（セラピストが“けい君の心の中の動物たち”と名づけた動物たち）を、今回は1枚の画用紙の中に

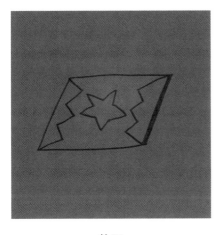

絵67

絵68

絵69

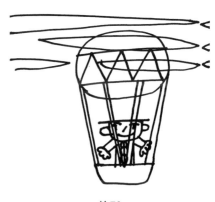

絵70

絵71

おさめて描いた。地上（と思われる線）と雲（と思われる波線）の間にそれら
の動物たちが描かれているのがとても印象的である。雲より上の空間は，母の
住む星の世界なのかもしれない。その雲の下で，9匹の動物たちは，実にさま
ざまな動き，表情を見せている。

　そしてセッションの終わりを告げられた時，けい君との間に，今までにない
新たなやりとりが生まれた。この時のけい君の感情は，かつて第35回で表した
セラピストに対する激しい怒りとは，その質を異にしている。同じようにペン
先をセラピストの膝に向けても，本気で刺そうとするのではなく，むしろ刺す
まねをして"やっちゃうぞ"という感じで，それを楽しんでいる。けい君のか
つての感情の激烈さは，マイルドになっていて情緒的にゆとりがある。それは
二人の間に思わず笑みがこぼれるようなプレイフルなものに変化していた。

## 終わりについての気持ちのやりとり：「モロモロ」の気持ち

　そして，さらにこんな交流が展開した。
　［残念だけどね，時間きちゃったね］
　「アアーアアーエエエエー!!」
　［やだよ！　終わりたくないよ!!って……言ってるみたいだね］
　「エヘンエヘン」（泣いているような声を出して，顔もしわくちゃにして泣
き顔になる。でも，涙は出ていない）
　「エヘーヘーウー」（絵を描く手は止めないで，悲しそうな泣き声をあげて

いる）

　ライオンの輪郭，そしてゾウの輪郭が描かれていく。

　そしてこんな言葉が漏れ出る。

　「モッローモッロー」

　［そー，モロモロになっちゃうのね］

　「ホイー」


　終わりは"モロモロ"の気持ちに感じられるのかなと，セラピストは思った。
すると，けい君はこんな風に言った。

　「タダイマー，ジカンダヨ」

　［時間だね］

　「ジカンダヨ」

　［みんな白くなって姿が見えなくなって……］

　「ノンタン!!!」（そう叫んで，さらにキリンやゴリラの輪郭のみを描いて
いく）

　［みんなの姿が見えなくなっちゃうね……時間が来るとね……けい君も先生も
姿が見えなくなって，透明人間になっちゃうね］

　けい君は輪郭だけの動物，透明動物を次々に描いていく。

　透明の動物が描かれていくのを見守りながら，セラピストは［うんうん……
そっかー……うんうんうん……そんな感じなんだね……］という声をかける。

　けい君はパンダの輪郭を描く……

　［1カ月間消えちゃうんだよね……目の前からねー］とセラピストが言うと，
両手の平をひらひらさせて，何か声を発しながらうれしそうな表情になる。そ
してけい君は，

　「ココロ」と言う。

　［こころ？……心には残っているよ］

　最後にけい君は，ネコの輪郭を描いた。こうして，顔が描かれていない輪郭
だけの9匹の動物たちを描き上げた〈絵72〉[注8]。

---

[注8] けい君はこれらの"輪郭だけの動物"を，その前に描いた絵71をまったく見ることな
く描き上げた。絵72の動物は，その位置も動きも絵71の動物と寸分の違いもない。少ししか
姿をあらわしていない猫も同じフォルムで描かれている。けい君の特異な能力である。

絵72

　この絵は，お別れすると“姿が見えなくなる”，“いなくなる”ことを表現して，“透明”に描かれたように見える。しかしそれだけではなく，“さよなら”と言って去っていく“後ろ姿”にも見える。

**来月はお休み：“誰もいない”絵**
　さらに，けい君は続いて動物のまったくいない絵を描いた。雲（？）と地上（？）の線だけの絵である〈絵73〉。この“誰もいなくなってしまった”絵をけい君はセラピストに手渡した。セラピストは［こんな風な気持ちになるね］と応じた。けい君はこの絵をセラピストに手渡すと，自分から，落ち着いて帰り支度を始めた。
　しかしセラピストが祖母に来月の確認をしたところ，来月は学校の行事が重なるなどの理由で，いつものように来られないことがわかった。それをけい君に伝えた。
　［8月は学校の行事があって，来られないのですって……残念だけどね］
　けい君は応答せずに，無表情になっている。そんなけい君に動物たちのいなくなってしまった絵〈絵73〉を差し出しながら，さらに語りかけた。
　［8月はずっとこんな感じ……雲だけで真っ白になっちゃうね］
　するとけい君はにわかに，にこにこ顔になってきゃっきゃとうれしそうな声を上げてセラピストの腕をキュッキュとつねるまねをした。そのたびごとにセラピストは，［うん，うん，そうだよね／そんな感じね／ほんとうね］と応じ

絵73

た。けい君は，最後にまた，にこっとしてキュッとつねるまねをして，帰っていった。

　このやりとりは来月会えないことに向けて，"残念だったり，腹が立ったりするけど，しょうがないか，でもちょっと怒っているよ"という気持ちをけい君が，**プレイフル**に楽しく表現しているようにセラピストには感じられた。

　こうして"対象の不在をどう体験するか"をめぐって，けい君の中に，もう一つ内的に成長した体験が生まれていることがセラピストに実感された。

# "共にある"ありかた，
# コミュニオン(communion)について

　丸田先生は，けい君とセラピストのかかわりあいについて，とりわけ，けい君と"共にあろう"とするセラピストのありかたについて，スターン(D. Stern)の"コミュニオン"(参考文献3, 4)という言葉を用いて言及された。

　コミュニオンとは，母親が"赤ちゃんと共にあろう"として赤ちゃんの内的状態に正確にマッチしようとする調律(attunement)である。それは，母親が赤ちゃんの気持ちを陽気にさせよう／元気にさせよう／落ち着かせよう／何かに関心をもたせよう……と，何らかの変化を期待する交流のありかたではない。つまり，コミュニオンとは，相手が何をしていようが／何を信じていようが／何を考えていようが／何を感じていようが，それをまったく変えようとすることなく，その人の体験を共有することを意味する。

　この症例におけるセラピストのかかわりかたに，一貫して認められるのは，こうしたコミュニオン調律である。セラピストはけい君の気持ちに何らかの変化を起こすために，コミュニケーションをもとうとしていない。どんな場合にも，彼のそのままの情動状態に"参加"し，その状態を共有するかかわりが主となっている。セラピストのいつも変わらない，このスタンスが治療経過全体の基調となっていたことに，ほんとうは大きな意味がある。けい君はセラピストとの間に生まれたコミュニオン体験を通して，その体験の幅を広げていったと考えられる。

　丸田先生の"コミュニオン"に関するコメントをめぐって，全体の経過をふり返りながら，こんなことを感じた。

　スターンはコミュニオン調律との対比で，誤調律(misattunement)を挙げている。誤調律には，意図的なものと非意図的なものがあるが，意図的な誤調律とは，相手の感情状態や行動を変えるために，敢えてマッチしすぎたり，意識的にずらしたりする調律のありかたである。また非意図的な誤調律とは，相手の内的状態を誤って読み取るか，もしくは，

相手の内的状態を自分の中に見いだし得ない場合に起こるものである。

　実際のけい君とのかかわりあいの中では，気づかないままに，実はたくさんの非意図的な誤調律が起こっていた。ただし，こちらからのかかわりに対する，その後のけい君の微妙な応答，反応に，セラピストは，自分が誤調律を起こしていたということに気づくたびに，そのかかわりを修正していった。

　自分のかかわりが，相手の心の状態にどのように影響を与えているか，その現象に常に開かれた態度で臨むことは，簡単なことではない。しかし，二人の間に起こっていることを細やかに読み取り，感じることの積み重ねが，丸田先生の言及された，コミュニオンの体験につながるのだと思う。

# 終章
# 心理療法の外の状況
### そして，心理療法のその後


## 発達を支える環境

けい君の成長，発達を支え，促進し，さらに実際的な教育を施す主なる環境は，家庭と養護学校である。1カ月に1回，50分の心理療法においてできる内的な作業が，そうした家庭や学校におけるけい君の経験，および学習内容と比べたら，ごく微々たるものである。実際生活において，最小限求められる生活習慣や社会性をけい君は家庭と学校の日常の営みの中で身につけていった。それはけい君がこれから生きて行く上で，大切な糧である。

この心理療法において，そうした環境全体の調整，サポートは，主治医が担っていた。けい君が祖父母宅に引き取られる前に身を置いていた施設や，祖父母宅から通うことになった新たな養護学校とのコンタクトは，主治医を中心に行われた。しかし，主治医の病気のために，保護者の面接，学校の先生とのコンタクトなど，その任を果たすことが困難になってからは，主治医に依頼されてセラピスト自身がその役割を代行していた。けい君が10歳の頃からその態勢に移行した。

そこでセラピストは，けい君が小学校2年生時の転校以来，その後高校3年生まで籍を置くことになっている養護学校に赴き，先生方との交流をもった。そしてそこで得られた情報をもとに，けい君の全体の成長を支えることに向けて，保護者，主に祖母との話し合いもセラピストが行っていった。

セラピストが実際にけい君の担任の先生方と交流をもったことは，面接室の中では気づかない外の世界のけい君を知る上で，とても得るものが大きかった。さらに学校側が担う役割と，セラピストが担う役割の違いをお互いに確認できたことは，それぞれがその役割に集中し，遂行していく上での励みにもなった。

そして何よりも，それはけい君の理解を深め，将来に向けてけい君を支えて

いく上で，保護者も含めて協調しあうよい環境が築かれていく意義のある交流になった。

## 学校の先生とセラピストのかかわりの違いの共有

　学校の先生方のけい君とのかかわりは，自分本位でルールを無視するけい君の非社会的な行動に対するものが中心になっていた。具体的にはけい君が決まりを守って学校生活を送り，社会生活，集団生活の基本を身につけることにより，まわりの子どもたちと協調でき，よい交流がもてるようにと，辛抱強い教育的な働きかけが行われていた。

　また学習面では，物事の知識，理解力など，潜在能力のあることは推察されるが，それを自分から積極的に示すことも，言葉にして伝えることもほとんどないけい君に，先生方は発達の可能性を抱いてさまざまな工夫をしていた。実際に子どもたちが楽しみながら参加できるユニークな教材を導入して，文字を教えたり言葉を介した知識の伝達ができるように，細やかな学習の場を提供していた。

　そうした学校におけるけい君へのアプローチが共有されていたからこそ，セラピストはけい君の学習面にはかかわらず，内的なことに焦点をあててかかわることに集中することができた。

　一方，セラピストが心理療法の中でどのようなことをけい君と行っているのかについて，学校の先生方は高い関心をもっていた。セラピストは基本的な心理療法におけるセラピストのスタンスとけい君へのかかわりの目標を伝えると共に，そこに教育的な色彩はなく，微細な情緒交流を積み重ねていくことが主になっていることについても説明した。

　学校の先生方は，学校でのかかわりと心理療法におけるかかわりの明らかな違いに興味を示すとともに，それぞれの役割を具体的に確認することができた。たとえば，けい君が学校で自由時間にいつも描くたくさんの絵について，理解が難しいという先生方に，セラピストは心理療法の中でたどったけい君の絵の表現についてのセラピストなりの理解を伝えた。けい君が言葉で伝えられない代わりに，絵を介して気持ちを伝えているかもしれない，あるいは絵に気持ちが現れているかもしれないという理解は，先生方にとって，外からは見えなかったけい君の内的な世界に触れる新鮮な機会になったとのことであった。

　このように，かかわりの焦点が違うことを明確化し，そのアプローチを尊重

し合う関係性は，お互いによい刺激を与えあいながらそれぞれの場でさらなる
けい君へのかかわりを模索する原動力にもなっていた。

## 家庭および学校での様子

セラピストとの関係性だけを追っていくと，けい君は豊かな交流が発達してい
るように見える。ここで，心理療法の外のけい君の実生活に目を移してみたい。
心理療法開始後5年を経た段階における祖父母との家庭，そして養護学校のク
ラスでのけい君の行動の様子は，以下のようである。この情報は祖母と，けい
君の養護学校の担任の先生方から得たものである。そこにはやはり，自閉症の
子どもらしい多くの特徴がみられるが，けい君の行動に一部変化も認められる。

1）心理療法開始当時，1，2年生の頃のけい君は，養護学校の教室の中に
　　いることはまったくなかった。裸足になってふらふらといろいろなと
　　ころに一人で行ってしまったり，一日中校庭のブランコに乗って過ご
　　したりしていた。そのように自由気ままに過ごすけい君は，先生たち
　　から「野生児」とあだ名をつけられ，何をしても放任されている状態
　　だった。
　　　心理療法開始後3年ぐらい経った4年生になった頃には，ようやく
　　先生方の働きかけが通じ，教室から外に出る時には，ちゃんと靴をは
　　いて先生に「これから出かけてきます」，「散歩に行ってきます」とい
　　う言葉でことわってから出ていくようになった。
2）小学校4，5年生までは，クラスの子どもと交流することはまったくな
　　く，むしろある子どもから不快な侵入を受けると，その子どものすき
　　を狙って，鋭い一撃（強くつねったり，ぶつなど）を突然与える怖い
　　面をけい君はもっていた。そして常に一人で行動していたが，徐々に
　　子どもたちと一緒にいられるようになった。そして，小学校6年生に
　　なると教室を移動するときに，列から離れずに歩けるようになったり，
　　それまでは嫌がっていたお隣の子どもと手をつないで行動を共にする
　　ことができるようになった。また給食で，嫌いなものがあると，器ご
　　と教室の後ろに向かって放り投げてしまう悪い習慣があったが，その
　　片づけを自分でするように，先生が丹念にかかわり続けることによっ
　　て，その悪癖は改善された。

3）学習面では，限られた言葉しか未だ発することはできないが，ひらが
　なは習得することができた。なお，自分から話すことはできないが，
　相手が何を話しているかに関しては，かなり理解していることが観察
　されている。

4）けい君の住んでいる地域のメンタルヘルスの組織団体が開催する自閉
　症の子どもの合宿にそれまでは祖母同伴で参加していたが，10歳頃か
　ら2泊3日を一人で参加することができるようになった。

5）祖父母との家庭生活の中では，子ども向けのビデオが異常に好きで，
　それを見て過ごすことが多い。近所のレンタルビデオのお店に一人で
　どんどん出かけていってしまう。子ども用のビデオが全部頭の中に入っ
　ているので，最新のビデオが入るとすぐにわかってそれを手に取って，
　借りてもらえるまで梃子でも動かない。それを祖母に借りてもらうと，
　家で何度も何度も繰り返し見ている。

6）同じように，自分が食べたい食事を思いつくと，一人でさっさとスー
　パーマーケットに行って，食材を次々にカゴに入れていく。けい君は，
　その時「○○が食べたい」と言葉で言わないが，行動でそれを示す。
　たとえば，ハンバーグを食べたいと思ったら，肉，タマネギ，卵，パ
　ン粉を次々にカゴに入れて，お店の人に見せてレジは素通りして持ち
　帰ってしまう。お金を払うということがわかっていないので，後で祖
　母が支払いに行く。

7）母と祖母の区別がつくようになったけい君は，学校へ出かける時と，
　眠る時に母の写真の前でおじぎをする習慣をしつけられ，「いってきま
　す」「おやすみなさい」と毎日実行するようになっている。

　このように，けい君は家庭と学校でサポートされながら，けい君なりに生活
習慣，社会性を少しずつ身につけている。しかし，実際の家庭生活における祖
父母の負担はやはり大きい。祖母が一番困っていることは，ある欲求がけい君
にいったん生じたらどんなに声をかけても頑なに聞き入れず，最後までやり通
す，その頑固さである。たとえばビデオがほしい，水遊びをいつまでもしてい
たいとなったら，決して譲歩することはない。どんなに説得しても，ほしいビ
デオは全部抱え込んで離さないし，またどんなに気温の低い日でも水遊びを一
日中でもしている。そのように，保護者たちの語りかけや現実の状況を無視し

て，頑なで一方的であるので周囲はお手上げになってしまう。一緒に生活する際には，そんなけい君の難しさに何度も直面することになる。

　また，たまに会う父に対してけい君は，父の体によじのぼったりして，父との再会を喜ぶらしい。しかし祖父母は，父のけい君へのかかわりは不慣れで心もとないと感じ，さらに現実的にも養育環境を整えられない父の状況を鑑みて，父に全面的に養育をまかせることはまだできないと考えている。

## 現実的な変化に伴い，心理療法は閉じられる

　こうした心理療法の外の世界に支えられながら，中断の期間も含めて，けい君とのかかわりあいは5年に及んだ。

　そしてけい君は12歳になった。中学校への入学が近づいていた。

　そのような頃，けい君およびけい君の周囲に新たに生じたいくつかの事情が重なって，心理療法継続は困難な状況に至った。現実的に，大きな変化がいくつも生じていた。

　第一に，以前から予定されていた祖父母の家の引っ越し，新築の計画がこの頃着手されることになった。第二に，けい君の父親が年齢的な限界を感じてオートバイレーサーを辞め，新たな仕事に就く決断をした。そして仕事のために遠い地域に暮らしていた父は，けい君が暮らす祖父母の新たな家の近くに居を構えることになり，休日はけい君と過ごせることになった。その背景には，自分たちがけい君を世話できなくなる将来のことを考えて，父親に少しずつけい君にかかわってもらおうという祖父母の考えもあった。第三に，中学入学に伴い中学校のスケジュールの関係で，けい君が土曜日のいつもの時間に，毎月面接にやってくることが難しい状況になった。第四に，一人で来ることができないけい君は，やはり祖母に付き添ってもらわなければならなかったが，糖尿病でしかも，徐々に高齢になっていく祖母にとって，けい君を片道1時間以上かけて連れてくることへの心身の負担がさらに大きく感じられるようになっていた。とりわけ，行き帰りの道中，大きな体になったけい君を制御することが重荷になっていた。

　この第三と第四の状況が心理療法を終えざるを得ない直接的な要因であった。

　これらの現実的な要因に加えて，治療チーム側にもう一つ深刻な事態が生じていた。主治医が病気のため約2年の闘病生活の末，けい君が12歳になる少し前に他界したのである。この心理療法全体を支える大黒柱を失ったことは，心

理療法を閉じることになった，間接的な要因と考えられる。すでに2年にわたる闘病中，主治医が直接保護者たちと面談することはなくなっていたが，"かわらず存在し続ける"ことでこの心理療法の基盤を支えていた主治医が亡くなったことは，大きな喪失であった。

　この喪失体験がけい君を心理療法に連れてくる祖母の動機を萎えさせ，その後の心理療法の流れになんらかの影響を及ぼしたことは否めない。そのことは，当然セラピストに予測されていたことではあった。しかし，実際には主治医を失った現実の重みによる心理療法全体への影響をセラピストには防ぎきれなかった。

　この事実は，臨床の営みを共にしてきた主治医へのセラピスト自身の内的なモーニングの体験にも深くかかわってくることであったからである。

## 心理療法の限界

　以上のように，直接的および間接的な要因がけい君との心理療法を閉じることに結びついたことがまず考えられた。しかし，また一方ではそれらの要因を越えて，"心理療法の限界"について，セラピストは改めて考えていた。

　この心理療法の目標は，けい君の器質的な発達障害そのものにかかわって自閉症を治すことではない。また教育的にかかわって学習効果を得るなど，目に見える形でけい君の行動に変化を与えることも目標としていない。むしろ，ごく幼少期に家庭が崩壊し，母も失うという心の傷を受けたけい君の"心"にかかわることが大きなテーマであった。そこで，けい君の心理的な安定につながるように，セラピストとの関係性に"連続性と恒常性"の感覚がもてるようになることを第一の目標とした。さらにセラピストとの関係性の中でけい君の心に蘇ってきた母への思慕の情，そして失った母へのモーニングがけい君の心の中で，けい君にとって自然な形で体験され，受けとめられ，内面化されていくことを第二の目標とした。そのプロセスを支えるのは，セラピストと情緒が共有される体験の積み重ねであると考えた。そして，断片的な言葉や絵の表現を介したかかわりあいの中で感情を伴った言語的交流が生まれることを願っていた。

　心理療法開始5年を迎えた頃に，これらの目標にある程度近づけたように思う。しかし，セラピストが感じているけい君のこうした内的な小さな変化は，けい君の家庭生活全般にどれだけの変化，もしくは効果として現れるであろうか。それよりも基本的な生活習慣を身につけ，周囲が手を焼かないで，けい君が自分でできることが増えていくことを，実際に家族は強く望んでいる。そう

なると，さまざまな不都合な状況に対処しながら心理療法に通うよりも，けい君が社会生活を送れることを目指して教育的にかかわる学校生活や，週末の学校の行事を優先したいと考えるのは自然なことである。

　自閉症という障害をもつけい君において，心理療法というのは，けい君が生きている世界のほんの小さな領域でしかないという現実，セラピストがかかわれるのはきわめて微細な心の部分なのだという現実を，この経験を通して改めて痛感した。

## 祖母のまなざし

　心理療法の終了に際して，改まった挨拶の手紙が祖母から届いた。その手紙の最後に，このような歌が添えられていた。

　　邪念なき　瞳の故にまばゆきて　汝が言の葉の拙くとも　うるわし

　　人や生きる　知恵も汚れと言うけれど　無垢なるままの　この子悲しき

　祖母がけい君と共に暮らしながら日々感じている思いが，この歌に託されている。

　こうした歌を詠む祖母の心情に，セラピストは心を打たれた。けい君はこのような情緒をかみしめながら養育に臨む祖父母との暮らしに守られて，ここまで成長してこられたのだと，感慨深く思った。また，けい君の内的な世界は，こうした祖母のまなざしにこれからも支えられていくであろうという安堵の気持ちを抱いた。

## 最後のセッションに描かれた絵

　ただし，けい君との間では，終わりに向けての準備期間もなく，"終わり"を迎えることになってしまった。セラピストはけい君と"終わり"を共有するために数回の面接を希望していたが，家の引っ越しの作業がピークを迎えた時期と重なり，現実的に無理な状況であった。

　そのような状況の中で，後からふり返ると最後のセッションになった第48回で，けい君はクリスマスをイメージした数枚の絵を描いた〈絵74〜78，口絵参照〉。

絵74

絵75

絵76

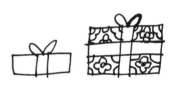

絵77

絵78

5年にわたって描かれたけい君の作品は膨大である。その最後が，それらの絵であった。サンタがトナカイを走らせて，大きな袋から取り出したプレゼントをクリスマスツリーのところに置いていく。そのいくつかのプレゼントの一つの中には，"車"が入っている……そんな一連の絵である。それは，ひょっとしたらけい君がクリスマスにほしいと望んでいる"車"なのかもしれない。あの探していた大事な"ボクノジドウシャ"が浮かぶ（69，70頁を参照されたい）。

## セラピストからの最後のかかわり

　こんな風に，"箱の中身を思い描いて"何かを期待するという新しい情緒のテーマが現れたところで，終わりを迎えることになった。

　こうした情緒体験を共に積み上げてきた，けい君とセラピストが直面しているこの現実にどう対処するかという大きな問題が残っていた。つまり，どのように"終わり"をけい君と共有するかという問題である。

　まずセラピストは手紙によって，中学生になるけい君の現実の変化に伴い，今までのように会うことができなくなったということを伝えた。

　それから，セラピストにできるけい君への最後のかかわりとして，あの10カ月間の中断の時や，キャンセルのときにしていたように，"存在し続ける対象"として，手紙を月に1回送ることを，今まで通り継続することにした。

　その後の祖母からの便りによると，その手紙はいつも祖母と二人で封を開けるという。そして，現在のけい君は，そのひらがなだけの手紙は，セラピストからのものだと理解しているとのことであった。

## 最後に会ったセッションから3カ月後

　心理療法の終わり頃，12歳になっていたけい君は，セラピストとの間でも意味の読み取れる言葉を少しずつ発するようになっていた。しかしそれでもセラピストのことを直接呼んだことは一度もなかったし，家でもけい君がセラピストのことを指した呼び名を発することはなかった。けい君の描く絵や生き生きとセラピストに向けるその顔の表情から，セラピストへの愛着は読み取れたが，けい君の中で名前，もしくは"呼び名をもたない"セラピストは，いったいどういう存在であったのだろうか……ということを，けい君との心理療法が終わっても，しばしば考えていた。

そんなある日，最後にけい君と面接をした時から3カ月後にあたるちょうど同じ曜日の同じ時間に，けい君が祖母と待合室にいたこと，しかもセラピールームにも入ってみたらしいということをその日のうちに同僚が伝えてくれた。セラピストはものすごく驚いて，その夜，祖母に電話をかけた。祖母の話では，けい君がその日の朝から「もりせんせい，もりせんせい……」と言って，どうしても聞かないので，しかたなく，けい君を納得させるためにセラピストがいないとわかっている待合室に彼を連れてきたとのことだった。

　“電話で人と話す” ということがけい君には理解できていないのを以前から知っていたが，セラピストはけい君に電話口に出てもらうように祖母に頼んだ。そしてけい君に向かって声をかけた。

　[今日，いらしたんですってね。その時，先生いなくて残念だったね] と。

　すると，けい君が思いがけなく「もりせんせい，もりせんせい」と2回はっきりと，まさに呼びかけるように言った。セラピストはとてもびっくりしてしまった。

　それは初めて，けい君の口から聞いた，セラピストを指す言葉だった。


　3カ月のセッションの空白の後に，けい君がセラピストのことを想い出して，“セラピストのところへどうしても行こうとした”，その事実に，深く心を動かされた。

　それは，5年間，“同じ場所で同じ時間にいつも同じ態度で” 待っているセラピストという対象が，けい君の中で恒常的に体験されたということだと，セラピストは思った。

## さらにその後

　セラピストは，1カ月に1回，ひらがなによるけい君へのお手紙を送ること（途中からは祖母へのお手紙も同封）を，けい君が成人する頃まで続けた。けい君が働くようになってから祖母からいただいたお手紙には，けい君は授産施設に往復一人で通い，少しながら稼ぎを得ていること，好きなお料理は自分で作っていること，休日に好んですることは祖母とカラオケに行って，祖母に歌わせて自分が踊ることと記されていた。また「子どもの頃よりけいは，ちょっぴり太りました」とのことだった。けい君は一緒に住む祖父母の愛情を受けて，その後の成長を遂げたことがうかがわれた。

# 参考文献

1. A. フロイト　牧田清志, 黒丸正四郎監修　アンナ・フロイト著作集第1巻「児童分析入門」岩崎学術出版社　1981
2. M. クライン　前田重治訳　メラニー・クライン著作集1「子どもの心的発達」誠信書房　1983
3. D. スターン　小此木啓吾, 丸田俊彦監訳「乳児の対人世界」理論編　岩崎学術出版社　1989
4. D. スターン　小此木啓吾, 丸田俊彦監訳「乳児の対人世界」臨床編　岩崎学術出版社　1991
5. 森さち子　「子どもの心理療法における治療構造」精神分析研究Vol. 44-4・5　2000
6. S. Mori "The role of the self-object experience in the therapy of an autistic child: from lying flat to launching a 'spaceship'". Journal of Child Psychotherapy 27 : 159-173, 2001
7. D. W. ウィニコット　北山修監訳「抱えることと解釈」岩崎学術出版社　1989
8. S. フロイト　井村恒郎訳　フロイト著作集第6巻「精神現象の二原則に関する定式」人文書院　1970
9. S. フロイト　小此木啓吾訳　フロイト著作集第6巻「快感原則の彼岸」人文書院　1970
10. M. マーラー他著　高橋雅士他訳「乳幼児の心理的誕生——母子共生と個体化」黎明書房　1981
11. D. W. ウィニコット　橋本雅雄訳「遊ぶことと現実」岩崎学術出版社　1979
12. D. W. ウィニコット　牛島定信訳「情緒発達の精神分析理論」岩崎学術出版社　1977
13. M. バリント　中井久夫訳「スリルと退行」岩崎学術出版社　1991
14. 森さち子　「怪獣恐怖の子どもの発達とその転移の変遷を支えた治療者のかかわり（その2）——エディプス葛藤から超自我との内的な葛藤へ」精神分析研究Vol. 45-2　2001
15. 小此木啓吾　「精神分析の成り立ちと発展」弘文堂　1961
16. 丸田俊彦　「間主観的感性——現代精神分析の最先端」岩崎学術出版社　2002
17. K. A. メニンガー　小此木啓吾, 岩崎徹也訳「精神分析技法論」岩崎学術出版社　1958
18. 小此木啓吾　「精神分析のなかのウィニコット」妙木浩之編［現代のエスプリ］別冊「ウィニコットの世界」至文堂　2003
19. R. D. ストロロウ　丸田俊彦訳「間主観的アプローチ」岩崎学術出版社　1995
20. 森さち子　「怪獣恐怖の子どもの発達とその転移の変遷を支えた治療者のかかわり（その1）——分離不安・情緒的対象恒常性からエディプス葛藤へ——」精神分析研究Vol. 44-4・5　2000

21. 編集代表 小此木啓吾　編集幹事 北山修　「精神分析事典」岩崎学術出版社　2002
22. 小此木啓吾　「治療構造論序説」　岩崎徹也他編「治療構造論」岩崎学術出版社　1990

## 補論 I
# 関わりをめぐる精神分析的視座*
### 日々の臨床実践の中で

## はじめに

　日本精神分析学会編集委員会によるシリーズ企画「精神分析的臨床を構成するもの」の第4回「患者との分析的なかかわり」は，治療的な交流が主題となる。この主題のもとに，筆者は，日々の臨床実践の中に息づく精神分析的な視座について考えていきたい。具体的には精神分析的な認識が治療関係の理解にどのように生かされているか，またそれに基づいて生まれる思考が，その関係にどのような影響を与えるかを検討する。その際，クライエントの内的な体験に治療者がかかわることをめぐり，両者の相互交流のありようについて臨床例の記述をできるだけ詳しく記すことから始める。そのように臨床場面に生起する現象を掬いとることによって，精神分析的な観点を浮き彫りにしていきたい。ただし，その作業の土台には精神分析が迎えていた時代背景が影響していることをあらかじめ記しておきたい。

　筆者が精神分析的教育を受け始めた1990年は，乳幼児直接観察に基づく母子相互作用に関する研究からの知見を精神分析がどのように受けとめるかという

＊2016年11月に開催された第62回日本精神分析学会で発表した内容が精神分析研究Vol.61-1, 2017 pp.19-32に掲載された。その原稿に若干の加筆と修正を加えたものである。
　本発表において，企画責任者，及び司会者の福本修先生，司会者の古賀靖彦先生，そしてご一緒に登壇され，講師及び討論者として，議論を深めてくださった藤山直樹先生にたいへんお世話になりました。改めて深く感謝いたします。
　なお本稿では，「精神分析研究」に掲載されたままの形で，セラピーを治療，セラピストを治療者と記載する。

時代だった（小此木, 1988, 1991；小此木・丸田, 1989；小此木・岩崎, 1993）。その母子二者関係をめぐる詳細な所見は，言語を獲得する以前の乳児の心の世界について深い理解をもたらした。そこで得られた言語を介さない情動交流に関する知見は，治療における二者関係の理解に新たな展開を促した。一方，すでに1980年代には対象関係論が日本の臨床実践にも積極的に取り入れられていた（北山, 1989；衣笠, 1990；松木, 1989他）。さらに1990年代以降，乳幼児研究と密接に結びついた間主観性理論が日本に紹介されていった（丸田, 1992, 1995他）。狩野（1992, 2000）は，こうした対象関係論，そして間主観性理論の世界的動向に着目して，精神分析は情緒的コミュニケーションの概念化と臨床への応用手段の開発に向かって，また非解釈的要素をめぐって展開していると，精神分析史を概観している。そして，それは転移を中心とする治療関係の理解やその扱い方が変化し，治療機序としてホールディング（holding; Winnicott, D.W., 1965）やコンテイニング（containing; Bion, W.R., 1962）が提唱されたこと，さらにこうした変化を基盤に，治療者と患者との間に力動的な関係が起こることそのものに治療的意味を認めるようになった展開であると指摘している。また母子交流の直接観察によって得られた理解が与えた影響を踏まえて，とくに"情動と言語化"という観点から，小此木（2000）は，精神分析における知的洞察か情緒的洞察かをめぐる論議の歴史を振り返っている。その中で1980年から1990年代には，最も基本的な治療機序は，言語的解釈を通しての洞察なのか，情動反応を基盤とする新たな関係性を通しての患者の変化なのか，という二者択一的な相互排除的議論の段階を経て，むしろこの二つは両立し共存する動向が生まれたことに注目している。こうした議論の積み重ねを経て，どちらかを絶対視し，これこそ真正のものであると主張するような万能的な世界に陥らずに，精神分析の治療機序をめぐる臨床的理解が洗練されていくことに，まさに精神分析の本質が現れていると言えよう。

　さらに小此木（2000）は，1930年代にフロイト（Freud, S., 1937）はすでに，治療的洞察を治療者，患者間の対話的な再構成の所産とみなすようになっており，その観点がやがては，治療的洞察を治療者・患者の間で形成される自己物語の文脈に位置づける流れ（Shafer, R., 1980）を生みだしたことに着目している。そうした構成の過程について，「それは決して，治療者が静的に対象化した無意識を解釈する閉ざされたものではない。患者との動的な開かれた発展過程であり，治療者自身の主体的な変化を媒介にして初めて発展し得るものである」

（小此木，2002, p.119）という見解を明らかにした。このように二者関係の相互作用における豊かな発現プロセスの中に治療機序を見出す観点は，母と子の言葉以前の複雑で繊細な相互交流をめぐる乳幼児発達研究の知見が精神分析的な臨床実践に生かされる動向と軌を一にしていると筆者は考えている。

　以上，概観した歴史的流れの中で迎えた一つの時代に，精神分析的臨床世界に出会い，学ぶ機会を得たことと，筆者の関心が自ずから前言語的情動交流に向かったことは結びついている。そしてその領域を基盤に経験を重ねた臨床実践が，本稿でも，検討の対象となる。その意味で，臨床素材とその記録に基づいた呈示のしかたに，そうした特徴が現れていると思う。また同時にそこには，それ故の限界も含まれている。

　それらのことを前提に，週1回50分の設定で行われたクライアントA〜Fの6ケースにおける臨床体験をここに呈示する。なお，クライアントAは，本書の前半で詳細に経過を報告している，けい君のことである。またクライアントDは本書の補論IIでその経過を振り返っている，モト君のことである。二つのケースにおいて，本論の主題である「治療的な交流」にとくにスポットをあてるため，いくつかの場面を重ねて取り上げている。重なる場面については，すでに記述した頁に遡り，その前後の流れが辿れるように，頁数を付記する。


# 臨床素材1

### 出会いに生まれたかかわりあい（ケース A・B・C）
### 言葉による交流が難しい子どもとのかかわりあい（ケースA・D）

　ケースA・B・Cは，初めてクライアントと治療者が出会った場面の記録の抜粋である。"出会いに生まれるかかわりあい"は，誕生した赤ん坊を初めて母親が抱く状況に喩えられる。母親はどのようにその手に，その胸に乳児を抱き，乳児はどのように抱かれるか，そして両者にどのような原初的な感覚が生まれるか，そこから二人の関係が始まる。いずれにしても，セラピー空間で初めて出会うクライアントと治療者の交流の感触はその後，その関係性を継続できるかどうかを握る重要な意味をもつ。そのような考えのもとに，出会いにおける交流をまず取り上げる。次に，言葉による交流の難しい子どものケースA・Dとの継続的なセラピー過程における"展開するかかわりあい"を記述する。

記載のしかたに関しては，AからDの臨床素材において，精神分析的な観点に基づいたかかわりと考えられる箇所に番号を付した下線を引いている。そしてケースごとに，その下線部についての要点を箇条書きで記した。それは，その関係性や現象をめぐる筆者の理解を助けている精神分析的指針とも言える。さらにそれらの箇条書きの中で，**乳幼児研究の知見がセラピーに生かされている観点に関しては，太字にした。**

## 出会いに生まれたかかわりあい

### [ケースA：7歳　男児]（29〜34頁を参照されたい）

　子どものための二人掛けソファと90度の位置に治療者の低めのチェアが配置された部屋で，[注1] Aがいつも絵を描いて過ごすということから，低めのテーブルの上にお絵描きセットを中心に，人や動物の人形などを準備して待つ。オフィスの入り口に立ったAは，そこから見えるセラピールームの中の絵の道具へ，一直線に進む。自閉症と診断されていたAの瞳には人と目を合わせようとする気持ちを読み取ることができない。Aの視線は人の存在や動きに全く左右されることはなく，私の声は耳に届かないようである。そして独特の節がついた不思議な声を発しながらひたすら絵を描いている。かと思うと，突然手を止めて，目を宙に浮かしてしばらくぼんやりする。おもむろに体を仰向けに反らして一時静止したかと思うと，急に手を激しく振り，そしてパタリと止める。奇声をあげて，再び画用紙に向かう。[注2] そうして過ごすAの傍らで，私はAと自分の間の距離について，「Aにとってほどよい距離はどれぐらいだろうか」を模索する。するとそれまで無関係のように思われた，Aの変化に気づく。私のちょっとした介入（Aに向けての小さな動作や声かけ）が，Aのある種の動作を引き起こしているようだと思う。私が声をかけるのと連動するように，私

---

[注1] a　安心感を抱ける空間づくりへの配慮：抱える環境（Winnicott, D.W., 1965）
　　　 a　言葉を用いず，心を表現できる媒体を整えるなど，子どもに合わせた設定：パラメーター（Eissler, K.R., 1953）と言われ，受け身性を守り，言語的解釈を与える基本的な技法から一時的，かつ柔軟に離れる治療態度を取ることを意味する。言語的解釈とともに，解釈を準備することも技法に含まれるという認識に基づく。（なお，順応「アダプテーション」は，クライアントの年齢に適応させた技法を指す）
[注2] クライアント・治療者それぞれにとって，安全と感じられるほどよい距離：心理的境界への感受性（ただし，この場面に限らない。またどの臨床例にも共通に働いている）

の"声を妨げる"ようなタイミングで奇声をあげたり，あるいは，Aの方へほんの少し顔を近づけた私を"うっとうしい"と言うように，ほんの瞬間，体を弓なりにする，またクレヨンがあることにも気づいてもらおうとテーブルに手を伸ばす私の手を"うるさい"と言うかのように，自分の手を浮かせて宙に払う微妙なしぐさをする。Aが描くものについて〈○○かな……〉と介入すると，私に"近づかれることから逃れる"あるいは"不快感から自分の身を守る"，さらには"周囲を威嚇する"ような表象，すなわち甲羅や鋏，針を持った動物，そしてオバケが描かれていく。[注3] そうしたやりとりの中で私は，Aに物理的にも心理的にも近づこうとして自分が勇み足になっていること，同時にそのこと全体をAが侵入的に受けとめていることを感じる。そこで，とにかくよけいな働きかけはせずに，そうっと静かにAを見守ることを続ける。そのようにして30分の時間が経過した頃，Aはほんの一瞬，初めて私の顔を見る。[注4] 視線が合うことはないと保護者から言われていただけに，私はAとのささやかな交流に内心大きな喜びを感じる。しかし同時に，私がその喜びを感じるままに表出するなら，Aは再び私を遮断するかもしれないと瞬間，感じる。[注5] 私は自分の情緒表出を控えめに，"目が合ったね"という気持ちでにっこりしてゆっくりうなずき返す。

　この初回のかかわりが，その後5年に渡るセッションの分離と再会の体験の積み重ねを経て，目の前にいない治療者の名前を口にして希求する関係性の始まりであった。

[ケースB：18歳　女性] 低めのテーブルをはさんで斜め対面
　Bは，大学に入学してまもなく，それまで生活全般において依存していた母からの連絡を一切断ち切って一人暮らしを始めたものの，実際には生活が成り立たず大学にも行けなくなっていた。そのような状態を心配した母親が無理矢

---

[注3]　a　治療者の"勇み足"（強い逆転移感情）をめぐる内省
　　　　b　"侵入的"でない関係のもちかたの調整
　　　　c　受け身的・中立的スタンスに立ち返ること（Freud, S., 1919; 小此木, 1961）
[注4]　a　**クライアントに陽性の情動を感じること，その自覚**（Emde, R.N., 2000）
　　　　b　**成長・発達への治療者の"期待"**（BCPSG, 2010）
[注5]　a　**情緒的アヴェイラビリティ**（Emde, R.N., 1983; Orange, D.M., 1995）
　　　　b　情緒的トレランス（即座の情動表出に向かう勢いを内的に抱えること）

理，Bを連れてきた。Bのぼさぼさの髪やまとまらない服装，暗く活気のない表情から，母親の心配が私にどことなく伝わってきた。母と三人でいるときは母が話すだけで，Bは終始不機嫌な顔をしていた。[注6] その後，Bと二人で話す設定をつくる。[注7] そして改めて母に連れてこられたことをめぐるB自身の気持ち，そして困っていることについて尋ねる。するとBは「私は全く困っていることはありません。むしろ問題は，子離れできない母にあります。私には何も問題はないので，母の相談にのってください」と必要なことだけを簡潔に冷静に語る。そう言い終えると早くも立ち上がり，ここに居させられること自体，非常に不愉快だと告げるかのようにまっすぐに部屋のドアに進む。そして完全に私に背を向けて扉の前に立ち，早くここから出たいという思いを行動で示すかのように足踏みを始める。その姿に，そこまで拒否的であってはとても無理強いはできないと私は思う。Bの背中に拒否的な気持ちを強く感じ，私はBとの関係性を築くことはできないだろうという残念な気持ちを抱く。いったんあきらめの気持ちをもってしまうと，かかわろうとする気持ちがどんどん萎えていく。このままでは，終わりになってしまうという焦りも感じる。[注8] そのような切羽詰まった気持ちの中で，二人の交流が完全に閉じてしまうぎりぎりのところで，せめて今のBの気持ちの状態に近づきたいという思いがわき，そっと彼女の背中に語りかける。[注9]「今は，そっとしておいてほしいお気持ちなのですね……」……するとBは背を向けたまま，かすかにこくんと頷いたように見える。その瞬間，はじめてほんの少しだけ気持ちが通った気がする。しかし，肯定を示すようなその小さな動きの他に何も応答はなく，希望通りBは退室する。最終的にBがオフィスから出て行く際，[注10] 私は最後に一言だけ，そっと言い添えた。「これから先，いつでも，話してみたいと思ったときにはご連絡をお待ちしています」

　それからというもの，私は，Bの後ろ姿を時折思い出しながら，その度にもう会うことはないというあきらめの気持ちを繰り返し味わっていた。けれども，

---

［注6］　合同面接から二人の面接へ「構造化すること」（狩野, 2004）
［注7］　クライアント自身の主体的な気持ちを尊重すること
［注8］　**自分の情緒への対応に追われていたことへの治療者の自己調整**（Beebe, B. et al., 2005）
［注9］　a　情緒状態を受けとめること
　　　　　b　情緒にかかわる言葉
［注10］心理的境界を維持しつつかかわること

初回から1カ月ほど経って，Bは思いがけなく自分から再会を求めてきた。その再会，すなわちセラピーの本格的な始まりは，母親に無理矢理連れて来られるという形ではなく，自発的に自分のことを話そうという姿勢から始まった。

### [ケースC：14歳　女性]テーブルをはさんで斜め対面

　Cとの面談に先立ち，電話で父親が娘がリストカットを繰り返していると相談希望を伝えてきた。その時，[注11]「娘のリストカットはアクセサリーのようなもの」という，父親の言葉に，私は違和感をもった。

　初めて一対一で会う中学2年生のCは，しっかりとしていて大人っぽく，学校への不適応感を物怖じせずに語る。リストカットについて自分からは触れない。[注12]しばらくして私から，包帯を巻いている手を見て「どんな風なのかな？　ちょっと見せていただけるかな？」と尋ねる。Cは「あ，これ？」と余裕のある表情をし，全く気にも留めていないという様子で包帯をいとも簡単にするするとほどいて，最後にひらりと取る。それからにっこりと私を見て，「全然痛くないんですよー」と言いながら，その左腕を差し出す。白い肌には無数の傷が生々しく刻まれている。幾本かはえぐるように深く，まだ血が滲んでいる。それらの傷を目の当たりにした私は，その痛みを鋭く生身に感じ，一瞬，息をのむ。Cの軽やかな態度と，容赦ないむごい傷，そして父親の「アクセサリー」という言葉が私の心の中でぶつかりあう。[注13]そして次の瞬間，Cに「ああ……いたかったね」と，やわらかい口調で伝える。私の言葉に対してCは，変わらずにこにこしながら，いったんほどいた包帯を手慣れたように再び巻く。

　初回以降，リストカットのことは話題に上らなかった。ところがそれから1カ月後，「痛くて切れなくなった」と，Cは少し残念そうに甘えるように言った。その言動から，Cが痛みの実感を取り戻していることが伝わってきた。「でも，傷口はいつも血でぐじゅぐじゅしていないといやだから」と，切れなくなった代わりに，赤いマジックで傷口を赤く染めていると付け加えた。その後，C

---

[注11]　違和感を否認せず保持すること
[注12]　a　リストカットの傷から心の傷の深さを推し量ること
　　　　b　リストカットを焦点化しないこと
[注13]　a　身体の痛みを同時に心の痛みと受けとること
　　　　**b　クライアントが閉め出している体験領域へのかかわり**
　　　　c　体験の「言葉化」(Stolorow, R.D. et al., 1987)

の自己肯定感が回復し，初回から半年を過ぎた頃には，傷がなくてもやっていけると思うまでに変化した。またセラピーを終える頃，Cはリストカットを繰り返していた当時の周囲の大人たちの反応——ものすごく怒るか，見ないふりをするかのどちらかであったこと——を語った。初回の私の応答は，Cにとってそれまで経験したことのないかかわりだったことが後から推察された。

## 言葉による交流が難しい子どもとのかかわりあい

### ［ケースA：7歳　男児］（34～59頁を参照されたい）

　先にも述べた自閉症のAとの間で，交流がもてたように思えるのは，50分のセッションのうち，ほんの一瞬，せいぜい2, 3分程度である。その他の時間はいつも一人の世界にこもって絵を描いたり，ぼんやりねころんでいたり，宙を見つめて奇声を発している。初回の終わりに，Aは耳をつんざくような絶叫を繰り返した。そして第2回目の終わりには，たくさんの遊具を抱え込んですべて持ち帰ろうとした。それらの行動は，同じ行動（絵を描くなど）を繰り返す「常同行為」を妨害されることへの激しい抵抗，あるいは物を保持しようとする等の自閉症特有の固執として理解することもできる。しかし，[注14] <u>セッションの終わりに際して示すAの壮絶な反応は，それまでAが経験してきた外傷体験（父母の離婚による家庭崩壊，母の突然の死）と結びついて，私の中で強烈な"引き裂かれる体験"として感じられる。</u>そうしたAの体験を思いながら迎えた第3回目，その終わりの時間が近づいた時である。翌週の約束を確認するために，私がAに見えるようにカレンダーを向けて再会の日を伝えているとき，Aはゴム製の小さないちごを手にして口につけている。ところが，何かの拍子にそのいちごが手から滑り落ちてフロアにころがっていく。その時に私は，「ころころころ」とそのいちごが転がっていく様子にリズムと音をつける。するとAはいちごを拾いにいきながら嬉しそうに「クイッ」という声を発して，[注15] <u>私</u>

---

［注14］　a　終わりの時間をめぐる現実原則：治療構造（小此木, 1990）

　　　　　b　終わりへのクライアントの反応と，それによって賦活された治療者の反応：転移・逆転移（Freud, S., 1905, 1912）（この場面に限らず，生じている現象である）

　　　　　c　クライアントの激しい反応と生育歴をつなげて治療者がクライアントをめぐる物語を紡ぎはじめること（Shafer, R., 1980）

　　　　　d　治療者の中に生まれる主観的な理解が，その後の二人の関係性に与える影響：間主観性（Stolorow, R.D., 1987）（この現象は意識化されずとも，随所に生じている）

と同じリズムで，何度も「ころころころころころころ」を繰り返す。そんなふうに過ごしているうちに，とうとう終わりの時間が来て，私はそれを伝える。するとＡは口につけていたいちごを，再びするりと落としてしまう。そして，そのいちごを手で拾ってから，終わりを告げた私の顔をしっかりと見る。それから[注16]Ａは，手にしたいちごをころがしては，その動きに乗せて，「ころころころころころ」と言いながら自分の手の中におさめることを生き生きと楽しそうに繰り返す。最後にＡがポーンと部屋の隅に放り投げたいちごを今度は，私が拾って，テーブルの上に置いて「はい，また来週，ころころちゃんに会いましょう」と伝える。すると，[注17]この3回目のセッションで初めて，Ａはすんなりと楽に終わることができた。

## ［ケースＤ：5歳　男児］（204〜209頁を参照されたい）

　初めて会った時から，自閉的なＤへの戸惑いを感じていた。こちらに目を向けることはなく，どこかあらぬ方を見つめて素っ頓狂な声でテレビのコマーシャルや電車の車掌のアナウンスを繰り返した。部屋の中に一緒にいても，Ｄは私の存在に全く関心がなく目の前のおもちゃを無表情にいじったり，茫然自失という感じで座っていたり，ぼんやりと力なくフロアにねころんでいた。初回から数カ月間，このような状態が続いた。Ｄといると私は，自分の感情が動かなくなる感じ，思考が止まってしまう状態に陥った。なんともいえない無力な感じの中で，Ｄと同じようなボーっとした状態に入り込んでいた。声をかけるという行為そのものが私の心から失われていた。

　数カ月の間，[注18]このような情動状態にとらわれているうちに，ふと，このいいようのない無力感は，Ｄ自身が体験しているものではないかという気持ちが生じる。その気づきは，全くの検討違いかもしれない。しかしその感覚を糸口にしてＤの気持ちを想像するようになると，一つの空間の中に“Ｄと一緒に

---

[注15] **波長が合ったプレイフルな情動交流：情動状態の共有**
[注16] **生気情動を介した交流**（Stern, D.N., 1985）
[注17]　a　決まった時間に始まり終わる。一定の間隔で繰り返される分離と再会：時間的治療構造（小此木，1990）
　　　　b　"分離と再会"の遊び（Freud, S., 1920）
[注18]　a　治療者の中に生じた情動状態は，クライアントの情動状態を知る糸口
　　　　b　心の受容器

いる"という実感をもてるようになる。また，[注19] Dが"何かに関心を向けた"と思われたときには，その同じものに私も関心を向ける。そのようなかかわりを積み重ねていくうちに，ある時Dがいつものようにぼんやりしながら，回転いすに身をあずけた。するとDの体重の重みで回転いすが動いて机のサイドにぶつかる。するとDは，今度は自分の体重を反対側にあずける。再びいすが机にぶつかる。Dはぶつかる瞬間の振動，その感覚の中に入り込んでいるように見える。[注20] <u>そうして左右に半円を描くように繰り返すDの行為に，ぶつかったときの衝撃の度合いに合わせて私は「どーん，とん，とーん，どん……」と強弱・節をつけた声で音をつける。</u>すると，Dが私の声を微妙に待って，応答の声を耳にしてから再びいすをぶつけたり，あるいはぶつけた後にかすかに，耳を澄ますようなしぐさをしたり，さらにこちらからの声を明らかにあてにして，次の行為に移るという様子が認められるようになる。そのようにして，それ以前より"共に過ごす"体験が増えていく。

　一方，現実では，心身が不安定な保護者に連れてきてもらわざるを得ない，幼いDにとって，セラピーの最初の段階から，毎週セラピーに通うという，その連続性そのものがいつも脅かされる状況だった。つまり，約束のいつもの時間，決まった場所に，"いつものように"来ることができない事態が，セラピーの初期から深刻に繰り返されていた。そのような困難があったが，[注21] <u>たどりつきさえすれば恒常性のある空間が提供されるという体験が，Dの中で，少しずつ着実に経験されていく。</u>やがてDに変化が生まれる。それは，来院途

---

[注19] **共同注視，間注意性**（inter-attentionality; Stern, D.N., 1985）＊
＊たとえ二人は目を合わせることがなくても，二人の間にある何か，その何か同じものを一緒に見ていることが感じられる体験は，同じ空間に共にいるという感覚につながると，治療者には思われた。

[注20] **情動調律**（Stern, D.N., 1985）＊
＊情動調律とは，共鳴体験を生気情動を介して別の表現型で伝える情動交流である。自分の内的な主観的体験が，自分以外の人と共有可能であることを知るようになる体験を促進する。このかかわりあいの中で，Dは自分の行為が，そばにいる相手になんらかの影響を及ぼすこと，そして自分の行為，ひいては自分の存在そのものにずっと関心を持ち続けている対象がいるということを体験し始めているように，治療者には感じられた。

[注21] **恒常性の維持**＊
＊治療者は"自分の感情に巻き込まれることがないように"留意しながら，一貫した態度をDに提供し続けようと心がけていた。こうしたセラピー体験を重ねるうちに，彼の中に期待や願望が徐々に息を吹き返してきたように感じられた。

中，急に具合が悪くなって家に引き返そうとする保護者に，Dが抵抗を示すことに現れた。それまでの受け身的で無抵抗なDではなく，"前に進もうとする"気持ちが伝わる。その変化はまた，セッションの中のDの行為にも認められた。突然のキャンセルが続いた後に再会すると，私との交流を求めることなく，むしろ私とは関係なく，肩を落として力なく床に座り込んで，[注22] 木製の組立バスをばらばらにしては組み立て直したり，積み木を重ね，それが崩れるとまた積み上げることを無言で繰り返す。[注23] Dにとって，その行為に長い時間を費やすことが重要なのだと私は感じながらそばに居続ける。やがて，来られないときの気持ちをめぐって，Dがおもちゃに託した言動に，私がはじめて言葉にしてかかわる時が来る。久しぶりに再会したセッションで，Dは机の端にミニカーを，その車体を半分宙ぶらりんに落ちそうに置きながら，自らの体もぐったりと私によりかかりながら，「オッコッチャウ，オッコチャウ，タスケテクレー」と，声を発する。[注24] ミニカーを危うい状態に片手でキープしながら，D自身の体はぐったりとして，無力感が伝わってくる。そうしたDの情動状態を感じながら「ここがおやすみのときは，（ミニカーを見ながら）こんな感じかな……」と語りかける。するとしばらくしてから，Dは初めて，父と母が激しい夫婦喧嘩をしたことを口にし「泣いちゃった」と自分のことを言葉で返してくる。Dが両親のことに触れ，しかも自分がどんなふうだったかを言葉にして

---

[注22] 意味をもった行為*
* Dは，受け身的に経験せざるを得ない"休みと再会"の体験を，おもちゃを使って"壊したり，壊れたりするものを修復する"行為にして繰り返しているようだった。そうした，一人無表情に繰り返す"行為"は，まだ"象徴的な遊び"とは言えないものであった。
[注23] a　体験をそのままに，十分表現できるように見守ること
　　　　b　**コミュニオン調律**＊(Stern, D.N., 1985)
＊コミュニオン調律（communion attunement）とは，母親が赤ちゃんと"共にあろう"として乳児の内的な状態にマッチしようとする調律をいう。たとえば，遊んでいる乳児はコミュニオン調律を受けると，何事もなかったかのように，リズムを崩すことなく遊び続ける。すなわち，それは相手になにがしかの内的な状態の変化を起こさせることを意図するものではなく，体験そのものを共有することを意味する。ここでDは，突然のキャンセルや再会に際して，それらの感情を言葉や顔の表情に表すことは決してなかった。それだけに，ようやくセラピーに来られたときに繰り返される"行為"に現れたDの体験世界を，治療者は思いめぐらしていた。そこには，そうしたDの行為が，やがては情緒を伴う言葉で表現されることを"待つ"，治療者の思いも控えめに存在していた。
[注24] 物（ミニカー）に投影された情緒状態を受けとめた言葉化（Stolorow, R.D. et al., 1987）

私に伝えたのは，セラピー開始以来，初めてのことだった。

　以上，五つの臨床例と，そのかかわりにおいて筆者が依拠していた精神分析的な観点，およびその時はことさら意識化していたわけではないが，振り返って臨床に生かされていたと思われる精神分析的な観点を挙げた。実際には歴史的変遷の中でさまざまな概念がミックスされながら学派を越えて共有され広くゆきわたっている精神分析的認識が多いことに改めて気づく。またそれは，一つ一つ取り上げることが難しいくらい，クライアントの内的な体験へのかかわりに埋め込まれている。なお，どのケースにおいても，乳幼児研究が精神分析的セラピーにもたらした知見が，相互交流に織り込まれていることが実感される。

# 臨床素材2

## 前言語的な交流に着目したかかわり（ケースE・F）

　次に呈示する二つの臨床例は，言葉による交流が可能な思春期後期・青年期にあるクライアントである。しかし，語られる内容だけでなく，前言語的な相互交流への気づきが，転移・逆転移の理解に大きな意味をもち，かかわりあいが深まったケースである。とりわけ，過剰調律や調律不全などの情動調律から転移関係を読み取り，やがて，彼らの独特な話し方の背景にある体験を言語的に共有するかかわりあいが生まれた。それと共にクライアントの自己感が回復していった，その理解のプロセスを検討する。なお，セラピーを始めるにあたり，それぞれのクライアントと共有した目標は，症状，訴えの改善ではなく，自分の気持ちを整理することとした。ここに呈示する臨床例に限らず，クライアント自身が気づいていない自分の気持ちについて知る過程で，自分をめぐる体験領域が広がることが，やがては症状，訴えの改善につながるという理解のもとに，筆者は日々の臨床においてセラピーの目標を症状改善と直結させるかかわりを基本としている。

## ［ケースE：17歳　女性］

　人前で手が震えることを訴えて心理療法を勧められてきたEの話し方には，とても大きな特徴がある。言葉と言葉の間が非常に空いている。語られる内容を理解しようと耳を傾けている私は，Eが何を伝えようとしているのか，Eが話

している途中でわからなくなってしまう。あまりに間があくので，まだ話している途中なのか，それとも話し終えたのか，定かではなくなり，そのことをたずねるのも"間が悪い"，"間がつかめない"という状況に陥る。この状況が，セラピーを開始して3カ月ぐらい経つ頃から，さらに顕著になっていった。話し方の長い間をめぐる，かかわりあいのプロセスを振り返る。

(1) 言葉の間隔を長くあけながら，「〜で……〜で」と全部つなげて話すために，一つの文章が簡潔するまでに10分以上かかる。話しているときのEの情緒は伝わってきにくい。そのため受け身性を保って聞いていると，二人の交流はどんどん希薄になっていく。さらにEが何を言おうとしているのか，わからなくなってくると，私は頭がぼんやりとして，睡魔におそわれることさえある。ぼんやりの状態から脱し，Eの語る内容を理解しようとすればするほど，私は頭の中でEの言葉の間を埋めて一つの文章を構成し直したり，その間をどこまで待てばよいか，タイミングがつかめなくて途中で語りかけたり，わからなくなって聞き返したり，結果的に過剰にかかわってしまう。私はEとかかわる中で，そのような空回りが自分の中で生じているということに，やがて気づく。すなわち調律不全を感じると逆に，過剰な調律を起こす，それを繰り返していたことを自覚する。

(2) そのように，受け身的な態度で耳を傾けようとする気持ちと，いつのまにか介入が増えてしまうジレンマの中で，「幼い頃から何でも母に頼っている」というEは，自由に話すことへの不安を感じるとき，母親が自分を助けてくれたように，そのゆっくりな間を，私が言葉で埋めて助けてくれることをどこか期待して待っているのではないかと思うようになる。

(3) 一方で，Eの言葉の間を埋めて何らかの介入をしてしまった後には特に，何かしっくりしない感じを味わっている自分に気がつく。間が大きく開いた時に，その直前の話の文脈から察した言葉を添えて介入した後，Eの話し方の途切れがさらに顕著になり，その連想はますますふくらまない。このずれを通して私に浮かんだのは，濃厚な依存を向けてきた母親とEとの関係性である。Eが母親の助けを求めて，実際に母親からそれを得ても，もしかしたらEが求めているものとは違う

ものが与えられていたのかもしれない。そのような母親とのしっくり
しない関係が，私との間で繰り返されているのではないかと思うよう
になる。

(4) Eとの間をめぐる，ぎくしゃくしたやりとりを実感した私は，Eと母親
とのかかわりのありようを想像する。すなわち，かつての母親との体
験が治療者との関係の中で，"今ここで"体験されている，そうした転
移の文脈において想いをめぐらせる。Eに対して母親は，Eの気持ちを
先取りしてかかわりすぎてしまうだけでなく，どこかずれている応答
や，もしかしたらEの気持ちを汲まないどころか，むしろ無視するよ
うなこともあったのではないかと。母親との関係性の中で生じる微細
なずれを細かく調整し続けるうちに，Eは自分らしい実感や言葉を育
むことがうまくできないままになってしまったのではないかと，推察
する。

　こうした経験を積み重ねるうちに私は，まだE自身には実感されていない，
母親とのこと，またその転移と考えられる私との関係性について，私がいくら
言葉にして伝えたとしても，それは，Eの体験を先取りしたかかわりであり，私
自身の考えや言葉をEに押しつけてしまうことになる。そして再び閉じた関係
性を繰り返すだけになってしまうと考えるようになる。さらにこれらの理解を
経て，Eが母親に対して，強い依存を向けながらも，実はそこでほんとうの安
心感は得られないまま，自分らしい感覚・感情をもつことができなくなってい
るのではないかと思うようになる。そこで私は，Eの自分らしさの感覚を取り
戻そうと急いだり，彼女の間を埋めることにとらわれず，Eの特有な話し方に，
彼女のどのような体験が結びついているのか，とりわけ母との間でうまく発揮
できないでいたと思われるEらしさとは何かを考えながらEとの面接に臨む。

　以上のような考えに至ると，私のあせりは軽減し，むしろEが考え，口にす
ることを"ゆっくり待つ"姿勢にかわる。その，待っていてもらえるという関
係性の中で，Eは自分の実感をぽつりぽつりと口にするようになっていく。そ
のプロセスの中で，それまで意識化されることのなかった，母親に対するネガ
ティブな気持ちについても，少しずつ語れるようになっていく。それと並行し
て，"ゆっくりとした間のあいた話し方"について，それは，母への依存の中で
いつのまにか失っていた自分の言葉を探しているための"ゆっくりさ"であっ

たと，二人の間で共同注視を向ける段階をやがて迎えた。

### [ケースF：23歳　女性]

　Fは，たいへんな努力家で数々の目標を達成しながらも，いつも不全感を拭えず，ときおりひどく落ち込んで無気力状態になり，現実生活にも支障をきたす一面に悩み，相談に訪れた。Fはセッションの時間いっぱい，息をつく間もなく，私をしっかりと見ながらたいへんな勢いで話す。せわしなく"立て板に水"のように話し続けるFは，絶えず過剰な能動性を発揮しているように感じられる。そのあまりの勢いに，私はFの感じている情緒に共感する暇もなく，Fとの面接が終わった後は，いつも情緒の通い合いがもてない不全感を感じる。その情動交流の難しさの実感を出発点に，やがてFと一緒に気づきを得たプロセスをたどる。

(1) 「立て板に水」のように忙しそうに話すFと話すテンポが合わず，私は言葉を発する余地もない感じがする。ともするとFに急き立てられているような感じさえ生じる。

(2) Fの話す内容は豊かだが，あふれるほどたくさん話すので，私の中で共感性の感覚を維持できない不全感が募っていく。「これだけ話したいことを今まで一人で溜め込んできたのだろう」と，その溜め込んできたことをめぐるたいへんさに共感を抱く一方，ずっと耳を傾けていると疲労を感じてくる。そうした，しっくりいかない感じが続く。

(3) こうしたFの過剰とも思われる能動的な話しぶりに，私はFの情動状態を共有できず，常に自分が調律不能になっている自覚を契機に，そのような状態にいつも身を置かざるを得ない，彼女の人との関係のもちかたをめぐって，Fの話す内容も合わせて，探索するようになる。

(4) ある時，めずらしくFが息継ぎをするために，一瞬言葉が途切れる。その瞬間まで話されていた内容から伝わる情緒を私は「それは残念でしたね」と，言葉にして伝える。Fのスピードのある話し方とは対照的に，ゆったりと，その"残念"な気持ちを味わうように伝える。すると，Fは私の介入に"え？！"と一瞬聞き返すような表情を浮かべる。しかし，その表情はみるみるうちにとてもうれしそうな表情に変わる。そして，活気を帯びた声で，「そうなんです！」と，私の言葉を

肯定する。

(5) その時まで私は，Fが過剰に話し続けるのは，私に"邪魔をされたくない"ためではないかと考えていた。しかし，この"思いがけなくうれしい"というFの表情の瞬時の変化に出会って，私の思い込みは確実に修正を受ける。もしかしたらFは私からのこうした介入を，ほんとうは待っていたのではないかと，私の受け取り方，感じ方が変わる。また，Fは私にかかわってもらうことを喜んでいるようだとさえ思うようになる。

(6) そのような気持ちを抱きながら，さらにFの話に耳を傾けていくと，「依存したい」気持ちが彼女の中にあることがもっとはっきりと伝わってくる。さらに，依存を相手に向けても受けとめてもらえないのではないかという不安があることも理解されてくる。

　私の中に生まれたそうした理解を出発点に，その後のFとのプロセスは二人の間の"今・ここでの"かかわりあいを二人で共有していくことに向かった。そうしたやりとりを通して，Fの中に，私に対する依存を向けまいとして，苦しくなりながらも知らず知らずのうちに能動的に話し続ける自分になっていたことを振り返る心のスペースが生まれた。Fは内心では私の助けを待っていたのに，いざ私の前に出ると，過剰に自立した態度を取って"せっかちに勢い込んで話すF"になっていた。やがて，その背後に，母親との間で経験した未だ昇華されていない外傷的な体験のあることが私に伝わってきた。Fは思春期の頃，家族と一緒に海外で暮らしたが，現地の学校で人種差別が背景にあるいじめを受けて，怖い思いを経験した。その当時，助けを求めても母親が，自分を助けてくれなかったという体験が根深く心にひっかかっていたのである。その国の言葉も話せず自信を失っていた母親は，娘の現状を知りつつも見て見ぬふりをして，その訴えに応じることができなかったという。Fは人種差別そのものに加えて，もっとも頼りにした母が彼女をサポートできなかったことでさらなる心の傷を深くしていた。それ以後心細くなればなるほど，頼りたくなればなるほど，それは得られないものだという思いこみの中で，Fは依存の代わりに，何においても無理に能動的に対処することを身につけていた。しかし，突然無気力状態になって何もできなくなる状態に陥ることを繰り返していたのである。

以上の流れをたどる過程で，"たくさん話し続ける"，その話し方の特徴に現れていた，依存対象との関係のありようが二人の間で共有されていった。

　ここに挙げた二例は，それぞれに特徴的な話し方を現していた。その独特の話し方，話す速度や間にフィットできていない調律不全の感覚への気づきが，彼らの情動状態に近づく端緒になった。これらの臨床例において，語られる内容のみならず，その語り口，間やトーンなどの生気情動，すなわち前言語的な領域への感受性が治療の進展の鍵となった。


# 情動交流の臨床的意義

　以上，臨床的なかかわりあいの現象を創出する精神分析的視座を意識化できる範囲で振り返ったが，最後に情動交流の臨床的意義を述べ，まとめに代えたい。
　母子間に生起する情動交流プロセスにおいて，限りない"ずれ"，そして折り合いをつける相互作用が繰り広げられる。そこで経験される情動状態の共有が乳児に安寧感をもたらし自己感の一貫性を高めると共に，その体験領域を広げる（BCPSG, 2010）。また陽性の情動（positive affect）が乳児の情緒的な自己の発達を促進し，かつ，開かれた対人交流の契機になる（Emde, R.N., 2000）。こうした乳幼児研究における発達促進的な情動交流の観点から精神分析的臨床を考察することは，"今，ここでの"治療関係の理解と共に，治療者が自覚しないままにかかわっているそのありかたへの気づきをもたらす。このテーマと密接につながる"治療関係の内在化"モデルに関して，狩野（1991）は，ビオン（Bion, W.R.）のcontainer理論に準拠したオグデン（Ogden, T.）の見解，すなわち患者の対象表象や自己表象，対人関係のパターンの修正を促す，治療者の「夢想する能力」（＝乳児の感覚を適切に察知し，空腹を満足へ，痛みを喜びへ，孤独を人とのつながりへ，恐怖を平和へと変形する母親の能力）と共に，holding, emotional availability, affect attunementの発達的意義を取り上げている。同時に，患者の回復や発達を確信するという治療者のpositiveな投影同一視もこのモデルに本質的な要素であるとし，クライアントの中にある発達的動機を読み取り，促す，治療者のかかわりをめぐり，まずクライアントに内在化されるのは介入の内容ではなく，それを伝達する時の治療者の態度であると指摘す

る。さらに狩野（2000）は，モデル（Modell, A.）に依拠し，転移には未来における書き換えられることへの無意識的期待が含まれているという観点から，「無意識的期待」を発見する治療者のかかわりに注目する。一方，関係性の新たな展開に向けて発達促進的交流を臨床実践に生かすことを説くボストン変化プロセス研究会（BCPSG, 2010）は，実際の関係**も**，間主観的な場を改変するプロセスを介して，直接，治療的変化の**対象となる**ことに着目する。その際，クライアントと治療者における"共にある在り方"に変化が起こる相互プロセスは，分析的共感作用によって過去の共感不全を修正することはないし，過去の欠損を埋め合わせもしないと明記する。その上で新しい形の相互交流が二人の間で起こる可能性が浮上するのを相互に感じ合うこと，そこに生まれる情動の高まりが新しい可能性の発現をもたらすことに，治療機序を見出している。この観点は，間主観性理論の実践家ジェニキー（Jaenicke, C., 2008）の見解にもつながる。つまり，情動を中心とする相互交流プロセスそのものを中心的な治療機序ととらえる場合にも，治療者に求められることは完璧な共感者になることでも，発達上の欠損を修復しようとすることでもない。新しい主観性の展開，すなわちクライアントの情緒的世界の拡大を可能にする，間主観的な場を創るプロセスが重視されるのである。

## おわりに

　精神分析的なかかわりにおいて，言葉は非常に重要である。それを前提にした上で，本稿では，自己感の発達を支える言葉以前の情動交流プロセスから得た知見を，臨床実践の中に有意義に取り入れる可能性を検討した。この領域から考察を深めることによって，治療関係をめぐる理解はさらに繊細にそして豊かになることが期待される。

　本稿を閉じるにあたって，本学会会長講演の最後に小此木が語った一節（1991, p.95）を引用する。「この精神分析の世界には絶対の普遍的な真理というものをあまり期待しないほうがよい。真理はすべて相対的なものであり，そのときにその人にとってどんな精神分析理論も概念も，フロイトの場合と同じように，それぞれの人となりのその時の課題とのかかわりを反映するものであって，そこでの理論がその人において，その時の真理なのだ。」そして，それぞれ

がそういうものをより一般性を持ったものに近づけようとして共通の経験や人物像に投影し合ってコミュニケーションする，それが精神分析的なコミュニケーションなのではないかと。

　日本における精神分析学会のこれからを考えるとき，各人が「これが精神分析の真理（真髄）である」と疑いをもたず固持するなら，精神分析が内包する創造的本質，その豊かさ，遊び，曖昧さ，揺れが損なわれてしまうだろう。誰もがリベラルな態度で，怖じけずに精神分析的な臨床をめぐるディスカッションに参加できるような精神分析的土壌を耕すことが今こそ，求められている。

## 参考文献

馬場禮子：野原研修症例へのコメント──世話役という防壁（研修症例コメント）．精神分析研究．Vol.59（2）237-239, 2015.

Beebe, B., Knoblauch, S., Rustin, J. & Sorter, S. : Forms of Intersubjectivity in Infant Research and Adult Treatment. Cathy Miller Foreign Rights Agency, London, 2005.

Bion, W.R. : Learning from Exoerience.Heinemann, London, 1962.（福本修訳：経験から学ぶこと．精神分析の方法Ⅰ セヴン・サーヴァンツ．法政大学出版局，1999.）

Bion, W.R. : Second Thoughts. Heinemann, London, 1967.

Boston Change Process Study Group（BCPSG）: Change in Psychotherapy; A Unifying Paradigm. W.W.Norton & Company, 2010.

Emde, R.N. & Sorce, J.E. : The rewards of infancy ; Emotional availability and maternal referencing. In J.D.Call et al.（ed.）: Frontiers of Infant Psychiatry. Basic Books, Inc. 1983.

Emde, R.N. : 発達と情動.（北山ユリ訳）精神分析研究.Vol.44.（1）pp.7-16, 2000.

Eissler, K.R. : The effect of structure of ego on psychoanalytic technique. Journal of American Psychoanalytic Association.1; pp.104-143, 1953.

Freud, S. : Bruchstük einer Hysterie-Analyse. Ⅴ, 1905.（細木照敏他訳：あるヒステリー患者の分析の断片．フロイト著作集第5巻．人文書院，1969.）

Freud, S. : Zur Dynamik der Übertragung.Ⅷ, 1912.（小此木啓吾訳：転移の力動性について．フロイト著作集第10巻，人文書院，1983.）

Freud, S. : Wege der psychoanalytischen Therapie. ⅩⅡ, 1919.（小此木啓吾訳：精神分析療法の道．フロイト著作集第9巻．人文書院，1983.）

Freud, S. : Jenseits des Lustprinzips. ⅩⅢ, 1920.（小此木啓吾訳：快感原則の彼岸．フロイト著作集第6巻．人文書院，1970.）

Freud, S. : Konstructionen in der Analyse. ⅩⅥ, 1937.（小此木啓吾訳：分析技法における構成の仕事．フロイト著作集第9巻，人文書院，1983.）

藤山直樹：中立性についての断片──技法論文(Freud,S.)に学ぶ．精神分析研究．Vol.46（2）154-159, 2002.

Jaenicke, C. : The Risk of Relatedness; Intersubjectivity Theory in Clinical Practice. Jason Aronson, 2008.

狩野力八郎：治療者の支持的役割——治療状況における退行の意味を認識すること.（シンポジウム特集：治療的退行と治療者の役割.精神分析研究.Vol.35（1）；47-57, 1991.

狩野力八郎：特集：精神分析的精神療法における共感と解釈のバランス.特集にあたって.精神分析研究.Vol.35.（5）；449, 1992.

狩野力八郎：精神分析の二重性.精神分析研究.Vol.44.（1）；66-70, 2000.

狩野力八郎：構造化すること.狩野力八郎, 山岡昌之, 高野晶編　日常診療でみる人格障害.三輪書店, 2004.

衣笠隆幸：自由連想と治療回数をめぐって——英国及び日本での経験から.精神分析研究.Vol.33（5）；373-378, 1990.

北山修：自虐的世話役について.精神分析研究.Vol.33（2）；93-102, 1989.

松木邦裕：逆転移について.精神分析研究.Vol.33（3）；155-160, 1989.

松木邦裕：共感することと解釈（特集：精神分析的精神療法における共感と解釈のバランス）.精神分析研究.Vol.35.（5）；458-466, 1992.

丸田俊彦：コフート理論とその周辺——自己心理学をめぐって.岩崎学術出版社, 1992.

丸田俊彦訳：間主観的アプローチ——コフートの自己心理学を越えて.岩崎学術出版社, 1995.（Stolorow, R. D., Brandchaft, B. & Atwood, G. E.: Psychoanalytic Treatment : An intersubjective approach. The Analytic Press, Hillsdale, N. J., 1987.）

丸田俊彦：間主観的感性——現代精神分析の最先端.岩崎学術出版社, 2002.

丸田俊彦・森さち子：間主観性の軌跡——治療プロセス理論と症例のアーティキュレーション.岩崎学術出版社, 2005.

丸田俊彦訳：解釈を越えて——サイコセラピーにおける治療的変化プロセス.岩崎学術出版社, 2011.（Boston Change Process Study Group : Change in Psychotherapy; A unifying paradigm. W.W.Norton & Company.）

丸田俊彦監訳・森さち子監修・小野田暁子・志村優子・住山眞由美訳：関わることのリスク——間主観性の臨床.誠信書房, 2014.（Jaenicke,C. : The Risk of Related-ness; Intersubjectivity theory in clinical practice. Jason Aronson, 2008.）

中村留貴子：認定制度の発足から現在まで.精神分析研究.Vol.60（3）；295-300, 2016.

小此木啓吾：精神分析学の展望——主として自我心理学の発達をめぐって.精神医学3.（精神分析の成立ちと発展.弘文堂, 1985.）

小此木啓吾監訳　慶応乳幼児精神医学研究グループ訳：乳幼児精神医学.岩崎学術出版社, 1988.（Call, J.D., Galenson, E., Tyson, R., et al. : Frontiers of Infant　Psychiatry. Basic Books, Inc., 1983.）

小此木啓吾・丸田俊彦監訳　神庭靖子・神庭重信訳：乳児の対人世界　理論編.岩崎学術出版社, 1989.（Stern, D.N. : The Interpersonal World of the Infant. Basic Books, Inc., 1985.）

小此木啓吾：治療構造序説.岩崎徹也編：治療構造論.岩崎学術出版社, 1990.

小此木啓吾：わがフロイト像.（会長講演）.精神分析研究.Vol.35（2）；77-97, 1991.

小此木啓吾・岩崎徹也：特集　精神分析と乳幼児精神医学.精神分析研究.Vol.36（5）；1993.

小此木啓吾：特集：精神療法における情動と言語化 特集にあたって.精神分析研究.Vol.44（1）；2-6, 2000.

小此木啓吾：フロイト的治療態度の再検討——特に中立性, 禁欲規則, 隠れ身をめぐって.（特

集：中立性——禁欲規則をどうとらえるか）. 精神分析研究. Vol.46（2）; 109-122, 2002.

Orange, D.M. : Emotional Understanding; Studies in psychoanalytic epistemology. New York, Guilford Press, 1995.

Shafer, R. : Narrative Actions in Psychoanalysis: HeintsWerner Lecturer Series, 1980.

Stern, D. N. : The Interpersonal World of the Infant. Basic Books, Inc. New York, 1985.

Stern, D. N. : The representation of relational patterns : Developmental considerations. In Sameroff, A. J. & Emde, R. N. (Eds.), Relational disturbance in early childhood: A developmental approach. Basic Books, Inc., New York, 1989.

Stolorow,R.D., Atwood,G.E. : Faces in Cloud ; Subjectivity in Personality Theory. Jason Aronson, 1979.

Stolorow, R.D., Brandchaft, B., Atwood, G.E. : Psychoanalytic Treatment ; An Intersubjective Approach. Analytic Press, 1987.

Winnicott, D. W. : The Maturational Processes and the Facilitating Enviornment. Hogarth Press, London, 1965. （牛島定信訳：情緒発達の精神分析理論. 岩崎学術出版社, 1977.）

# 心を抱えることと，抱えられること*
## 喪失をめぐる間主観的な臨床体験

## はじめに

　20年以上にわたって心理療法を続けている，あるクライアントとの関係（森，1996, 1998, 1999; 小此木，2003）において，深く思うことがあります。それは，クライアントの人生とセラピストの人生の機微が織り込まれながら，心理療法は静かに深まってゆくという思いです。そのプロセスに重要な対象の死が伴うなら，二人の関係性の中に対象喪失をめぐるさまざまな情緒体験がいっそう際立って織り込まれることでしょう。

　ここに取り上げる症例において，クライアント，セラピストそれぞれにとって大切な対象である主治医を失い，その後クライアントは，母を失いました。一方セラピストは，重要な共同研究者を失い，その後，自ら病気を患い，クライアントとの面接を時々休まざるを得ない状況を迎えました。クライアントとセラピスト，両者におけるそれぞれの体験は，陰に陽に影響を与え合いながら，現在に至っています。

　心理療法が始まってまもなく，主治医に「一生もののケースです」と言われた，モト（仮名）の症例について，その出会いから振り返ります。そして心理療法を開始してから10年後の母親の喪失，その後の6年間の流れをたどります。

---

* 2017年11月に開催された小寺財団精神分析研究セミナー「ドナ・オレンジ先生との臨床セミナー」における発表原稿に若干の加筆と修正を加えたものである。
　本セミナー企画・開催において，富樫公一先生，福本修先生にたいへんお世話になりました。
　お二人の先生に，改めてここに感謝の意を表します。

また，モトとの関わりのプロセスの中で，モトの体験に重なるように生じた私
の喪失をめぐって，セラピストとしての私の体験に触れたいと思います。


# ケース　モト**


**クライアント**：来院時4歳の男の子
（本ケースが発表された時点で，30歳）

**母の訴え**：他の病院で，遅発性反響言語などが顕著なことから自閉症と診断
されている。発達の遅れ，目を合わせられない。対人関係は全くもてない。

**家族**：来院時，父母（共に30代）との三人家族

**生育歴**：未熟児で出生。保育園では集団行動ができず，モト担当の保育士が
付き添っていた。家庭では，夫婦喧嘩が絶えない中で育つ。とりわけ，虐待を
受けて育った母の身体的不調と激しい感情の起伏に翻弄され，親密な愛情を向
けられたかと思うと，突然心理的に放っぽり出されたり，暴力を受けたりする
ことが続いていた。（主治医より）

**アセスメント**：主治医Oは広汎性発達障害と診断。但し，自閉的な傾向は顕
著であるが，環境因も大きいことから，「中核群の自閉症ではなく，心因性の自
閉状態」という理解のもとに，精神分析的なかかわりがなんらかの意味をもつ
と考え，森に心理療法を依頼する。

**治療構造**：週1回，50分，保険診療の枠で総合病院の面接室
O主治医（10年間）→X主治医に引き継がれる。
主治医による家族面接など，環境調整。
なお，O主治医のもと，Y臨床心理士による母親の治療は，モトが小学生の頃

---

** モトという仮名は，筆者において，子どもの精神分析的心理療法の「元」となるケースとい
う意味を込めて，スーパーバイザー小此木啓吾先生との間で命名された。

まで行われた（小此木・深津, 1996）。その後，Z臨床心理士によって母親機能がサポートされた。

# 26年間のセラピーの流れ

## 最初の出会い

モトは，どこかあらぬ方を見つめてすっとんきょうな声でテレビのアニメのせりふを並べ立てた。そうかと思うと，フロアにべたーっとねそべって，時が止まってしまったかのようにいつまでもぼーっとしていた。

かかわりがもてるということからほど遠いモトに，セラピストである私は大きな戸惑いを感じた。

## 自己状態の多様な変化

母の状態の悪化によって，面接のお休み，大幅な遅刻が繰り返される中で，モトは，面接室で私に背を向けてぼんやりと座っていたり，フロアにねそべって過ごした。あるときは，ロッカーの中のプレイの用具を全部ばらばらと出したところ（写真）にいつまでもぼんやりと座っていて，まるで心がないような状態に見えた。私から，声をかけても戻ってくることはなく，時折，無表情に平板な言葉を発したり，おもちゃをもって同じ行動を繰り返したり，思いがけなく大きな声でコマーシャルのせりふを並べ立てたり，エネルギーなくねころがっていたかと思うと，急に手足をバタバタと激しく動かす等々，バラバラな自己状態が並列的に現れた。

そんなモトになんとか，かかわろうとする私にはモトとのつながりを見出すことが難しく，そこに現れるモトの言動の意味を読み取ることができなかった（絵1～3）。

写真

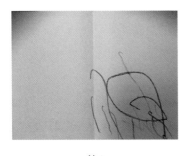

絵1

絵2

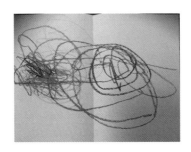

絵3

## モトへのかかわりを模索する

　交流することのできないモトの傍らで，大きな無力感におそわれていた私は，このセラピー空間がモトにとっても，そして私にとっても〈安心して自分自身になれる場〉となるには，どうしたらよいだろうかということを考え続けた。そのときせめてものできることとして，モトとの間で私自身が感じていることをモトの心の状態を理解する手がかりにしながら，じっとそばに居続けることを心がけた。そして基本的な態度として，その当時考えていたことをふり返ると，

　　1. モトの自己状態をバラバラにしているのは，何かから自分を守る意図によるものと仮定し，
　　2. 自己状態をバラバラのままに受けとめ，抱え，敢えてこの引きこもり

の中に侵入しないように心がける。

3. 二人の間に境界のある心理的に安全な空間をつくって，モトの心の動き，とりわけ情緒の現れを待つ。

そして，実際のかかわりは，

1. 遊びに誘い入れるなどの積極的な働きかけはしないが，
2. そばに誰かがいるという感じをモトがもてるように，モトのかすかな動きに調子を合わせて調律したり，モトが関心を払っているものに一緒に目を向け，二人で同じ物を見ることによって，その空間と対象を共有する体験がもてるようにする。
3. モトの言葉や態度，行動から情緒的なものが伝わってきたと思われる時には，その伝わってきたメッセージに，情緒をこめた言葉を載せて，モトに伝え返す。

　こうして私は，モトとの間で，モトのそばに，モトに関心をもっている他者がいることをなんとか伝えようとする試みを模索した。

　たとえば，モトはときおり身体感覚の中に引きこもることがあった。そばにいる私に気づかないで，自分の座っている回転椅子を机のへりにぶつけてひとり感覚の中に浸ってしまっているとき，私は，そばに誰かがいるということ，私がモトと共にあるという体験がもてるように，モトがぶつけるその音の強さに応じて「とーん，どーん，とん」と声の調子を変えながら，ぶつけた時のモトの感覚に音をつけてかかわった。すると驚いたことにモトは，私のつくった音をかすかに待ったり，それを期待するかのようにその行動を繰り返すようになった。私はそのようにかかわることで，他者がいること，自分の行動が他者の行動に影響を及ぼしているということに，モトが気づくことを待っていた。私は，こうした交流を"共にいる"ことを分かち合う情動体験として体験することを期待していた。モトの動きに呼応する私の声を待って，モトは次の行動に移る。この時，モトが他者を求めているという理解が私に生まれた。この交流の中で，お互いにお互いの行為に影響を与え合う，共鳴する素朴な感覚を共にした。これが前言語的な交流の芽生えだったと思う。

　このような基本的な態度に基づいたかかわりを積み重ねていくうちに，モト

は，“自分の行為，情動に注意を向けて調子の合う人がいる”ということにほんの少しずつ気づいていくようだった。

## 不思議な通い合い

　そのようなかかわりがほんの少しもてても，交流を維持することは難しく，最初の半年間，依然として背を向けて引きこもっているモトの姿に頭がぼーっとして思考や情緒が止まってしまうような経験をすることがあり，しばしば途方に暮れる心境に陥っていた。そんな時，だんだんに気づくようになったことがある。それは，その場で生じている私の情緒状態に奇妙に合致した言葉をモトが発することだった。モトと交流がもてそうな気持ちになると，母の病態悪化により予測や期待が裏切られるようにキャンセルが繰り返され，しかもその一方で，モトのバラバラの状態にかかわりの手だてが見つからず，一人の世界に閉じこもって，背を向けているモトのそばにいながら，私は「このセラピーは続けられるのだろうか」という無力な気持ちになっていた。ところがモトは，あたかもそうした私の心境を察して代弁するかのように，何の前触れもなしに，「なんて遠いんだ」と意気消沈したようにその場にへたへたと座り込んだり，急に表情がこわばって，「どうしたらいいんだ」とつぶやいた。

　このモトの姿，言動に，同じ気持ちを味わっていた私は不思議な気持ちになることがしばしばあった。そして，この特異な不思議な通い合いが，やがてモトとのかかわりの糸口になった。

## 情緒の通い合いから，母親及び自分を表わす絵が生まれる

　あるとき，突然「○○駅におかあさん降りなかった　モト　ひとりだったえーんえーんえーん」と無表情につぶやいた。外の出来事の体験を話すのは初めてのことだった。しかし言葉だけが一人歩きして，モトはその言葉に結びついた気持ちを表現することは全くなかった。私はそのとき，モトのさびしい気持ちを感じて，[ひとりでさびしかったんだね]と，情緒をこめた言葉を返した。するとモトは，やはり表情はなくオウム返しのようではあったが，思いがけなく「んー，さびしかった」と言った。このやりとりはごく瞬間的なことで，それきり二人の交流は途絶えてしまった。モトはいつものようにフロアに寝転がり，長い間引きこもってしまった。ところが，このセッションの終わりにモトは，自分と母の絵（絵4）を初めて描いた。この絵ではいくつもの手が母親

に向かって伸びているモトの自己像が描
かれている。私はこの絵から，モトの中
に潜んでいた対象希求性を実感した。

絵4

## セラピー開始後，1年余り経つと，
## 情緒表現が広がる

その後，断片的であったが，モトが体
験していることを少しずつ表すように
なっていった。私はモトの心が，心の容
れものとしての私を求めている……と，感じるようになった。

たとえば，ミニカーが机の端から落ちそうになるようにして，一方では，体
はぐったりと私によりかかりながら，モトは「オッコチャウ，オコッチャウ，
タスケテクレー」と弱々しく言った。おもちゃの状態に託されていると思われ
る，モトの，"この車みたいな気持ち"を言葉にして伝えると，モトは「おとう
さんとおかあさんがけんかしたんだ。ぼく泣いちゃったんだ」と，はじめて両
親との間で味わっていた情緒を語った。

またある時，モトは，口をあけている男の子の絵（絵5）を画用紙いっぱい
に描いた。（25頁を参照されたい）私が［その子，なんて言ってるの？］と，モ
トにたずねると，「のみたーい！！」と言っていると応えた。モトの願望が初め
て伝わる表現だった。しかしすぐさま，それをぐしゃぐしゃに丸めてゴミ箱に
捨ててしまった。そこで，私は［それ，もらっ
てもいいかな］と言うと，モトはびっくりして，
「これ，もらってくれるの？」とうれしそうに，
それをゴミ箱から取り出し，私に手渡した。私
の声かけは，「自分の願望をのびのびと表すモト
を受けとめるよ」というメッセージだった。

## その後

こうしてそれまで引きこもっていたモトは，6
歳頃から願望を表すようになった。そして，少
なくとも私との間では引きこもりから脱出した
(Mori, S., 2001)。やがて，私を相手に，男の子

絵5

らしさの感覚や万能感をプレイの中で楽しむようになった。さらに11歳ぐらいから，苦痛な現実とセラピーの中で展開するプレイのギャップがモトに実感されるようになるのと並行して，私へのアンビバレントが体験されるようになった。そのような過程で，言葉による交流が増えていった。

　また，10～11歳頃までのモトは無邪気に，空想の中で私をカップルのパートナーにして物語を展開させることもあった。しかし，12歳頃からはプレイの中で男女の関係を意識するテーマを表すようになり，そこに少しでも性的なニュアンスを感じるとしどろもどろになったり，一瞬戸惑いを見せてから，プレイの内容を微妙に変えて乗り切ろうとしたりするモトが現れた（森, 2010）。

　さらに中学生になると，空想のストーリー，プレイは，消退していった。思春期を迎えたモトは，性的なことに関心をもつ自分の気持ちについても，不安や葛藤を抱きながら，面接場面で吐露するようになった（森, 2010）。

　そして高校生になると現実生活を踏まえた内的な体験（苦痛，不安，哀しみ，希望，願望）を情緒豊かに言葉で表現するようになった。当時，モトが詠んだ歌がある。


　　「名を呼ばれ，あわてて閉じる晶子の歌集」

　治療者が感銘を受けたモトの一首である。

　現実では，大学入学後，母の闘病を支え，やがて母を失う経過を辿った。その後，大学を卒業し，アルバイトをしながら社会における自己の位置づけを模索しながら30歳を迎えた。

## モトにおける対象喪失，それにかかわる出来事

　　O主治医の死　　　　　　16歳（セラピー開始　12年目）
　　母の病気発覚　　　　　　18歳（セラピー開始　14年目）
　　母の死　　　　　　　　　23歳（セラピー開始　19年目）
　　セラピストの病気発覚　　27歳（セラピー開始　23年目）

# 母の喪失体験をめぐって

## 母をめぐる喪の作業は，モトのペースで進んでいる

　母の死の宣告を受けてから，とくに亡くなるまでの1年間の闘病中，モトは，母の後を追って自分の死を考えることもあった。また母が亡くなってしばらくの間，悲しみが強く体調を崩すこともあった。しかし母の死後，ずっと母の死の現実を否認することなく向かい合い，母をめぐる自由な連想，情緒のこもったさまざまな想いを面接の中で語り続けている。その言葉をここにいくつか時系列的に挙げていきたい。

## 母を亡くして3カ月頃

　「母と森先生の考えは，似ている感じがするんです……O先生の影響かもしれません……O先生は母にとって父親のような存在だった……母は，向こうの世界でO先生に会っているだろうか……って，そう考えるんです」

## 母を亡くして半年余り

　「母が亡くなって……父が，今までになく弱っていて……父の知り合いに，僕の方が強いのではないかと言われて……こう見えても，母のことで僕は……（沈んだ悲しげな表情になる）……父は露骨に悲しさを表すんです……仏壇に話しかけたりして……僕は，内面的にショックを受けても，人前では涙を見せたくないんです。あまり表に出さないんです。人前で泣きたくない……母が亡くなったときも，ずっとうつむいていた……泣いたのは，みんなが寝しずまってからうずくまって……それから火葬の前。あの時は泣いてしまいました……」

　「この間，母の夢を見て……この頃よく見るんです。その夢の中で，母は『モト，モト，しっかりしときねん』と，出身地の方言で言っている。母は普段方言で話すことはなかったんですけど……最近祖父（母の父）と電話で話した影響かもしれません……」

　「せんせい（思わず，モトの表情をそっと見たくなるほど，静かなやさしい呼びかけ）……一つ考えることがあるんです……完璧だと思っていた母も，『でき

ないことある，限界がある』と言っていましたが……僕は，後でああ言えばよかった，こうしなければよかったということがよくあって……自分はそうやっていつも後で思って。その時にはいつもうまくできないんです……母が亡くなって，人生どこで終わるかわからないけれど，いろいろ考えるようになって……」

「昨日，テレビで末期ガンの女の人のドキュメントをやっていて，父はすごく動揺していて，泣いていて……ぼくは明日，先生だ，先生のところで，このこと話せると思って……」

「母は短歌を詠んでいました。今思いつくものは……『もう少し君と一緒にいたいから，痛い点滴がまんする』……母が亡くなったら僕はどうなるだろうってすごく不安定になるのではと心配でした……せんせい？……僕どうでしょう？」
［どんなふうになれたらいいなと考えていたの？］
「落ち着いて生活できたら……そうできたら……と思っていました……」

## 母を亡くして1年余り

「生前，見栄を張って子どもにも嘘をつかせるような母に抵抗し，それはよくないと言い続けた。『それは僕はとてもいやだ』と主張し続けたら，『私の気持ちがわからない』と，逆切れされた……母にはそういうところがあったんです……逆切れは，その時はやだなと思うんです。でもそれよりも……見栄を張って嘘をつくというようなところが……僕はもっといやでした……」

## 母を亡くして3年

「僕は，母が火葬になるまで，人が亡くなると土葬になるものと思っていた。だから母の時にはじめて体験してショックだった。自分もいつか火葬されて壺の中に入り，お墓の下に入るのか……普通に道を歩いている人も，みんなそんなふうになるのかと考えると……すみません，こんな話をして……でも母の時からだいぶ時間が経って，ずいぶん大丈夫になりました」
　終わりに「86歳になる祖父に3年ぶりに会いたいと思っているんです」と話して帰る。

## 母を亡くして4年

前の週，セラピストの身内に不幸があり，面接を急遽お休みすることがあった。「自分が祖母の葬儀で2カ月前に体験したことが，先生にも起こった……」と，感じていることをゆっくり話していく。「先生だからうかがいたいと思って……茶毘に付すまで，葬儀に参列したのか……先生にとってどのように近しい人であったのか……」と言葉にしながら，自分の体験を重ね合わせて言葉にしていく。そして，母のことを思い出し，「お母さんが今生きていて，そばにいてくれたら，どんなだったか……と思う」と言う。今までになく，母のことを思いながら，しみじみとした時間が流れているように私には感じられた。

## 母を亡くして6年

桜の季節を迎え，桜の写真を撮りにいった話をする。それから思い出すように，母が菩提寺のお墓に入った時に植えた桜が，この春初めて，美しい花を一つ咲かせたという。

それから神田川の桜を見ながら弁護士の小学生時代からの友達とした対話を振り返った後，彼のような自分よりレベルの高い人に対して，劣等感をもつことはなく，むしろ仲良くなりたいと思うようになったと語り，一番劣等感を感じていたのは，大学生の頃だったと思うと，その時のことを振り返る。

# モトとの関わりの中におけるセラピスト側の体験

## Dr.Oをめぐって

主治医Oは，私に精神分析との出会いをもたらした人である。私はDr.Oと同じ職場に勤務し，Dr.Oから全般的な教育を受けた。私における重要な対象であった。そしてDr.Oはモトの主治医であり，モトの家族全体の機能，とりわけ不安定な母も支えていた。そしてDr.Oは2年の闘病中に，主治医をDr.Xに引き継がれた。（モトはその後，主治医Xに全幅の信頼を寄せるようになる。）モトは，現在も，Dr.Oのことを思い出すと，親愛の情を込めてごく自然に語る。モトも，私がDr.Oを大切に思っていることが伝わっていると思う。だからこそ，モトには，モトの母，そしてセラピスト（私）がそれぞれに思慕の情を抱いているDr.Oのことを，モトが話題にするときに，モト自身の心に安寧がもたらさ

れるのではないかと，私は感じている。それと同時に，私もモトがDr.Oのことに触れるとき，心がなごむ気持ちになっていることを感じる。

## 自身の闘病をめぐって

Dr.Oが他界して8年後に，モトは母を亡くした。そしてその後，私も，Dr.Oに次いで，再び大事な対象を失った。それは，Dr.Oも親交の深かったDr.Mである。Dr.MはDr.Oと臨床的親和性が高かったことから，本症例についても，よく三人で議論した。お二人は，私の理解にたくさんの示唆をもたらしてくださった。

とりわけ，モトのセラピーが始まって1年半ほど経った時に，Dr.Mに報告した際の，Dr.Mの言葉は，忘れられない。「モトは，自分らしさを犠牲にして，母に合わせている子どもである。」この見解は，モトが外界からひきこもっているとしか見えなかった，私の理解に新しい光を与えるものだった。

私の共同研究者であったDr.Mは，モトのセラピーを行っている同じ病院に入院した。Dr.Mが入院中，私はモトの面接の前後に，彼の病室を訪れた。そこで，Dr.Mとの最後の仕事となった，クリス・ジェニキー（Chris Jaenicke）の"The Risk of Relatedness"の翻訳（丸田・森ら，2014）の作業を行っていたのである。

翻訳が完成してまもなく，Dr.Mの病態はしだいに悪化していった。

一方，母が他界した後に，モトは，母の念願でもあった大学卒業を果たした。入学当初は大学生活への適応をめぐる困難を経験したり，母の看病を優先するために休学をするなどして大学への復帰そのものも危ぶまれていたが，奮起して卒業証書を得たのである。

そして，卒業後は，自分に合った職業を模索しながら，アルバイトを始めていた。Dr.Mの病状が思わしくない頃，モトは，そのあたらしい世界，アルバイトへの適応に一生懸命になっていた。

その夏にDr.Mは他界した。

そしてそれから1年後に，私において比較的深刻な病気が判明した。何度かにわたる入院治療が必要な病気であった。そこで，夏の終わりのある日，私から，モトには病名は伝えなかったが，自身の治療を行うことになったこと，それは時間をかけての治療になるために，面接をお休みせざるを得ないことが生じるかもしれないと伝えた。その話から，モトは，母のがんがわかった時，非常に不安になったことを思い出した。そして「先生がもっと深刻な病気を自分

にごまかして言っているとは思わないけれど，心配になる」と語った。また，「二人の身の上に何らかのことが起こらない限り，セラピーの突然の終わりはない」ことを，かつて私に確認したことなど，思い出しながら，その日はやや不安そうに帰っていった。

　私がモトに会うために面接室に行けないときには，Ｅメールによる面接も取り入れた。また私が不在の時も，主治医Ｘの診察は継続され，それはモトの大きな支えとなっていた。

## セラピストの闘病2年間の振り返り

### 激しい治療を受けていた頃

　とくに最初の1年間，治療薬の副作用のために，外出も控えざるを得ない状況もあったが，私は仕事の中で臨床における面接だけは優先的に行っていた。モトの心理療法もできる限り続けていた。モトの母が，病気で亡くなっているということも，私の心の中に大きく影響していたと思う。病名は知らずとも，敏感なモトが母の時と重ね合わせて，不安が大きくならないようにという思いもやはり強くあったと思う。かといって，自分の病気について，明確に "心配はない" とは言えず，複雑な思いを抱きながら，その時期を過ごしていた。

　後になって，その頃のことを振り返ると，モトは，私の病を否認することはなかった。また時折，母のことと重ねて私の病気のことを不安に思うことを語ることもあったが，こちらから伝える以上のことに言及することはなかった。その頃彼の心を占めていた，アルバイトの人間関係の悩み，社会適応への不器用さを実感する度に沈む気持ち，父親が自分に向ける言動への傷つき，また一方では，小学校以来の友人との趣味を介した交流を楽しんでいることなど，モトはセッションの中で，むしろ思うままに語っているようだった。

　私は，そうしたモトに会うと，"いつものように" つまり，自分が闘病中であることから離れて，モトの話に耳を傾けることができていたように思う。それが，自分の心のおだやかさを維持することに関係していたのではないかと，後になって感じる。

## 全面的な復帰に向かう頃

　やがて激しい治療が一段落を迎えた。身体的苦痛を抱えながらも，私は最小限にしていた仕事を少しずつ増やしていった。ところがその頃，思いもかけず私はもっとも苦しい心の状態に陥った。失いかけていた自信がますますなくなり，臨床家としてのアイデンティティが揺らいだ。不安が強まり，暗闇でもがいているような状態に入っていた。

　それまでも堪え難い現実を経験したことはあったが，病前は，なんとか現実適応を保つことができていた。しかし今回の状態は，これまでとは全く質の異なるものだった。

　少し大げさに言うと，人生の中でもっとも危うい心の状態にあることを感じていた（岡山・中村・森，2018）。

　これが，私における"心のどん底"の状態なのか……と思った。

　苦しくて苦しくて，なかなかそこから這い出ることができないという体験の中で，私はクライアントの声に耳を傾ける自分のありよう，内的な態度に変化が生じたことを感じていた。

　それはモトとの関係においても感じたことである。それまで，モトが語る無力感や，苦痛，どうにもならず前へ進めない気持ちの状態に，できる限り近づこうとその場に身を置いていたつもりだった。でも，自分がどうしようもなく苦しい体験をしている時，モトの心の世界に触れると，今まで達することができなかった彼の気持ちに近づいているような感覚をもった。モトの一言一言が，心の奥深いところまで入ってくるように感じた。

## 心を抱えること，そして心を抱えられること

　さらにモトとの間で，私は不思議な経験をしていた。モトが4歳の頃から，彼の心を理解しようとし，彼の心の状態を支える役割を長年続けているつもりだった。しかし，闘病のために私自身，心身が厳しい状態の時に，モトをいつもの部屋で迎え，50分間過ごすと，とても心が落ち着き，ざわめいていた気持ちが閑かになることを何度となく経験した。セラピストとしてモトに臨んでいるつもりが，いつのまにか，自分の方がモトに心理的に抱えてもらっている存在になっていたのだと，やがて実感した。

　「どちらがクライアント？」という，セラピストの体験は，とりわけ継続的に一貫した治療構造でクライアントとお会いしていると，起こりうることかもし

れない。とくに精神分析的な心理療法を行うセラピストは，自身のことをクライアントに伝えることを控えてクライアントに臨む。一方で，セラピストにもプライベートな生活があり，そこにさまざまな悩みもあり，対処しなければならない問題を抱えていることもある。それを脇に置いて，クライアントと向かい合う態勢を整えることを基本とするが，完璧にそれができるかどうかはわからない。実は，セラピストの思いとは裏腹にクライアントの方がセラピストを気遣って，言葉を選んで伝えている可能性も大いにある。そのようなクライアントの配慮に，セラピストは気づかないままに過ごしてしまうことが多いかもしれない。ところが，モトとの間で私が経験したように，人は心が弱くなっていると，相手の所作，その奥にある心のありように とりわけ非常に敏感になるのではないか。だからこそ，「自分の方が逆に心を抱えてもらっているようだ」ということが感じられるのかもしれない。

　セラピストが強靭な心，安定した心をもっていると，もしかしたら，そうしたクライアントの繊細な心遣いに気づきにくいかもしれない。

＊

　モトとのかかわりあいの中で，私は上述したセラピスト側の内的な体験を明示的に表すことはありませんでした。

　しかし，言葉を越えて，モトに暗黙のうちに伝わっていることがこの治療関係にどのように影響を与えているだろうかと考え続けています。


## おわりに

　この発表において私は，あるセッションを詳しくとりあげることをしませんでした。それは，ここにオレンジ先生をお迎えして，この長い年月営まれてきたモトとのセラピーの大きな流れをふりかえり，体験し直したいと思ったからです。さらにそれは，モトとの今後に向けての大事な作業になるという思いを抱いたからです。

　この原稿を書いている途中で，大きな迷いが生じて，いったんこの作業が中座してしまいました。なぜなら，モトには伝えていないものの，モトと共にあるときに体験していた私自身のきわめてパーソナルな思いを発表の中に含めて

いるからです。

　しかし考えた末，このままご報告することにしました。臨床家として生きていく中で，大切な対象の死，また自身の健康をその一部なり喪失する体験は，誰においても免れることはできないでしょう。

　オレンジ先生とともに，そして参加者の先生方とともに，それぞれに喪失体験を心の内に抱えつつ，クライアントの心にかかわることをめぐって，こうして「考える時」をもてることを幸いに思います。

　それは，これから出会うクライアントとの臨床において，関係性をめぐる体験領域の広がりをもたらしてくれると思っています。

＊

　この発表をした日は，モトが30歳を迎えた日でした。その日に，このような機会を得て，私はモトと一緒に，対象喪失の現実をともに生き抜いてきたことの重みをいっそう深く感じています。

　私の報告に耳を傾けてくださり，ありがとうございました***。

**引用・参考文献**

森さち子：自閉的な子どもとの治療的かかわり（その1）――自己感の発達をともにし，象徴的表現が芽生えるまで．精神分析研究，Vol.40（5）；61-90, 1996.

森さち子：自閉的な子どもとの治療的かかわり（その2）――新たな心的機能と対象関係の出現．精神分析研究，Vol.42（5）；59-71, 1998.

森さち子：自閉的な子どもとの治療的かかわり（その3）――ひきこもりからの脱出．精神分析研究，Vol.43（2）；52-64, 1999.

小此木啓吾編著：精神分析のすすめ．創元社，pp.153-168, 2003.

小此木啓吾・深津千賀子：児童治療における重症パーソナリティ障害をもった親とのかかわり．精神分析研究，Vol.40（5）；91-106, 1996.

Jaenicke, C. : *The Risk of Relatedness: Intersubjectivity Theory in Clinical Practice*.（丸田俊彦監訳，森さち子翻訳/監修，小野田暁子・志村優子・住山眞由美訳：関わることのリスク――間主観性の臨床．誠信書房，2014.）

Mori, S. : 'The Role of the Self-object Experience in the Therapy of an Autistic Child'. *Journal*

---

*** ドナ・オレンジ先生と，共同研究者であったDr.Mは，間主観性研究をめぐり，長年の親交がありました。そのことから，私の発表に耳を傾けておられたオレンジ先生が，Dr.Mの他界のことに触れた発表をすべて終えた時，私の顔を見て，"Amazing!!" と，静かにおっしゃった時の表情が忘れられません。

*of Child Psychotherapy,* Vol.27（2）; 159-174, 2001.

森さち子：かかわり合いの心理臨床──体験すること・言葉にすることの精神分析. 誠信書房, pp.63-66, 2010.

岡山慶子・中村清吾・森さち子編著：患者の心を誰が見るのか. 岩崎学術出版社, pp.166-181, 2018.

# 第一版のあとがき


　本書は，けい君の症例をたどりながら，日頃，重要と感じている臨床的観点を別枠にして織り込み，さらに特殊な用語に関しては注釈を加えながら書き進めました。このような形式を取っているので，けい君への臨床的アプローチや，そのかかわりあいを語る際に用いる言葉をすでに共有していて，症例の経過だけをたどりたいという方には，それらの説明をスキップして読んでいただけるようになっています。また，精神分析の領域とは異なる世界で臨床を営んでいる方にも，さらにこれから子どもの心理療法を学ぼうとされている方にも，広く読んでいただければと，精神分析的な観点に基づいた概念，用語にはとりわけ説明を加えました。私は，学部生時代は，C. ロジャーズやV. M. アクスラインの著作から心理療法，とくに遊戯療法の基本を学びました。そして大学院に進んで臨床活動を始めると同時に，精神分析的な理論と実践を学ぶ機会を得ました。その学びのプロセスがうまく本書に生かせていれば，精神分析に馴染みのない読者にも，ある種の専門用語がそれほど抵抗なく伝わることと思いますし，それを願っています。

　といいますのも，本書のタイトルを決めるにあたって，次のような経緯がありました。

　最初にそれを考えたときタイトルの一部として，「精神分析的」という言葉がまず浮かびました。現在の私の臨床感覚からすると，その言葉を用いるのはごく自然な感じがあります。しかし，"子どもの心理療法に共通な基本"を伝える本として，より幅広い読者層を視野に入れて考えて下さっていた編集部は，「精神分析」という用語をタイトルに入れることで読者の幅を狭めてしまうかもしれない可能性を心配されました。

　タイトルによってある種の先入観に縛られてしまうとしたら，それは残念なことです。そこで，もう一度タイトルを考え直すと共に，本書の中にも前述したような工夫を施しました。

＊

　いずれにしても……たとえその基盤が精神分析的な観点にあるとしても，一つの症例を理解していく際に，またクライアントとかかわる際に，ある観点にとらわれない共通の本質的な感覚，理解があると思います。日常的に感じている，そうした思いを抱きながら，一つの臨床経験を言葉にしていく作業に取り組みました。ですからいっそう，本書が，臨床の基本的な感覚や理解を共有する場に，あるいはそれらを議論する一つの素朴な手がかりになることを心から望んでいます。

　さらに，心理療法について学派を越えて，普遍的に語りあえる概念として「治療構造論」を唱えた小此木啓吾先生に師事した経験の片鱗を本書の中に感じとっていただけたとしたら，それはたいへん嬉しいことです。

＊

　けい君との心理療法が終了して1年余り経とうとしているこの時期に，けい君と共にした5年間のプロセスをふり返る機会をもてたことを感慨深く思います。金剛出版編集部の立石正信さんから「子どもの心理療法」について本にすることをお薦めいただいた当初は，いくつかの症例を用いることを漠然と考えながら，少なくとも1年以上かけて仕上げていく心づもりでお引き受けしました。しかし，本の構想を練るうちに一つの症例のプロセスをじっくり追いたいという気持ちが強くなり，けい君の症例に絞り込むことにしました。そしていざ書き始めると，初稿はわずか2カ月でできあがりました。もしけい君との心理療法が営まれている過程にあったら，おそらくまとめること自体できなかったでしょうし，あるいは心理療法終了後，数年経ってしまっていたら，やはりこのように書くことは難しかったと思います。

　けい君との出会いから別れ，そしてその後1年を経て現在まで，6年間の間にずっと感じていたこと，考えてきたことが，飽和状態にあったからこそ，短期間のうちに，このようにいちおうの形を成せたのでしょう。

　稿を終えた後に，この作業は，まさに時機を得たものであったと改めて感じました。そしてタイミングよく声をかけてくださった立石さんに改めて感謝の念を抱いています。

　最後に，心理療法における本質的なことを教えてくださり，けい君との出会いの場を設定してくださった小此木啓吾先生，情緒的通いあいを求めて試行錯誤するセラピストを支えてくださった佐伯喜和子先生，さらに臨床経験をめぐって，その"現象"にできる限り近い言葉を探すプロセスに立ち会ってくださった丸田俊彦先生に，限りない感謝の意を表して，この書を閉じさせていただきます。

2005年6月13日

慶應義塾大学医学部精神・神経科
心理研究室にて
森 さち子

# あとがき

　『症例でたどる 子どもの心理療法』の初版からすでに15年以上の歳月が経ちました。その長きにわたり，この本は臨床講義などで利用することが多く，いつも私の近くに置く本の一冊となっていました。これからのことを考えて，初版の時からたいへんお世話になっている金剛出版代表取締役の立石正信さんにご相談したところ，新訂増補版を提案していただきました。その後，新版に向けて，すでに2020年の春を迎える前に作業を始めていました。ところが，それからすぐに，抵抗する術もなく世界中に猛威を振るう新型コロナウィルスに完全に巻き込まれました。少なくとも半年余りの間，目の前のことに対処すること（オンライン・ハイフレックスの習得）にエネルギーを費やす日々を過ごし，新版のこともすっかり棚上げとなっていました。

　それから1年半が経ち，コロナ前の暮らしに戻ることは到底できない現実に直面しながらも，生活と仕事にいちおうの落ち着きが戻ってきました。そこでようやく作業を再開することができ，この度，こうしてまとめあげることができました。空白の時を超えてご対処してくださった立石正信さんに心から御礼申し上げます。

　2005年の初版から現在まで，ふり返ると深刻な対象喪失を経験してきました。その一部については，補論Ⅱでも触れています。また，初版の時には，記しておりませんでしたが，けい君の症例は，たくさんの方から教えていただいた私の学びのプロセスでもありました。小此木啓吾先生は，ビデオ録画再生をご一緒に見ながら，さまざまな気づきをもたらしてくださいました。またビデオ録画をお見せすることはなく，最初から最後まで，細かい面接記録の記述に基づいたスーパービジョンは佐伯喜和子先生から受けておりました。さらに書籍化する際には，丸田俊彦先生にご協力いただきました。さらに，月に1回，狩野力八郎先生を中心に，村岡倫子先生，白波瀬丈一郎先生との濃厚な症例検討会から，たくさんのことを学びました。

今は，小此木先生も丸田先生も狩野先生も，佐伯先生もいらっしゃいません。先生方と過ごした臨床をめぐる検討を積み重ねたたくさんの時間，その体験が臨床家としての私に与えた影響，そして今なお，伝え続けるその意味の深淵さ，それを表す明確な言葉を持ち合わせていません。これから，臨床を続けていく中で，何度かにわたり，感じ，そして考えていくことであると思っています。

　このたび，初版に加えて，その後に記述したり，発表したものも含め出版する機会をいただきました。それを文字に起こしていく過程は，精神分析的な臨床において大切であると思ってきたことをふり返る作業になりました。具体的には，過去に書き留めたり，したためていたノートやファイル，さらに先人の論文を読み直す時間を今までになく持ちました。その中から，今ここに記しておきたいと思うことをご紹介させていただき，本書を締めくくりたいと思いたちました。

　まず，1990年代の古い私のノートから取り出してみたいと思います。

　「臨床体験をめぐる思考が理論と結びつく，臨床体験が理論の窓を開く」と走り書きしたところに，『概念なき思考は盲目であり，経験なき認識は空虚である』というカントの有名な言葉が添えてありました。これは，かつて西園昌久先生，小此木啓吾先生が精神分析について語られた際に，「純粋理性批判」から引いて，紹介された言葉です。それぞれに異なる訳語で伝えてくださいました。この意味するところは，狩野力八郎先生（精神分析研究Vol.44（1）pp.66-70, 2000）が論じた「精神分析の二重性」にも通じます。精神分析的な臨床を考える時，私にとって大事な道しるべとなる，この含蓄のある言葉は，先生方からうかがって20年から30年を経た今も，色褪せることなく心に響いてきます。

　次に，丸田俊彦先生監訳の，C.ジェニキー著『関わることのリスク──間主観性の臨床』（誠信書房，2014）より抜き出したものから，いくつかを記したいと思います。

　　　「患者にとって治療者が完璧な共感者になることでも，発達上の欠損を修復／埋め合わせをしようとすることでもない。……たとえばそれは，新しい主観性の展開が可能となるような関わり合いや，われわれの情緒的な記憶に新しい体験を加えるような機会の提供である。そうしたこと一つひとつが，患者の情緒的世界の拡大を可能にする」p.197

「新しい相互交流パターンを治療者と繰り返すことで患者は，自分自身に対する新しい対処の仕方を内在化できるかもしれないし，また自分自身や他者との関わり方をめぐり，これまでとは違う，もっと生き生きとした見方が得られるかもしれない」p.197, 198

こうしたジェニキーの言葉を私はとても大切に感じます。また，この言葉が訳出されるより数年前に，臨床的アプローチについて，平野直己先生と対話した時のことも思い出されます。その時，平野先生は，おそらく（そこにいた平野先生と森のことを指す）"私たち"を主語として表現されたと，私は受けとめました。平野先生曰く，「過去に得られなかった体験や過去に不当に扱われた体験とは異なる『適切な関わりの体験』であるというよりも，"未来に開かれるための新しい関わりの体験"を目指しているんですよね」（2010.4.30.）。この言葉は，私の思いを見事に表現してくださったとうれしく思って，やはりノートに大事に残していました。

2014年に交わした松木邦裕先生との対話も私にとって重要なものでした。

本書の中でも触れた，日本精神分析学会 編集委員会によるシリーズ企画「精神分析的臨床を構成するもの」の第1回：総論（精神分析研究 Vol.59（1），2015. pp.52-71）のご執筆にあたり，松木先生は「間主観性学派における治療機序」について，ある会議でご一緒した際，突然（と私には思われました），問われました。その応答をめぐり後日メールでやりとりをさせていただきました。その一連の往復メールの内容を読み返して改めて思います。そうしたストレートな問いかけに発する対話を通して，自身の臨床に向かう姿勢が明確になるということです。そして忌憚のない問いかけに，ごまかさずに自身を顧みつつ，言葉足らずの不全感をまた数年かけて埋めていく作業をしているのだということに気づきます。実際の対話は終わっていても，私の中では，ずっと続いているということを感じます。

再び，ジェニキーの「関わることのリスク」から，まさにセラピーにおける"間主観的な体験"が表現されている，二つのフレーズを引用します。時折，バイブルのように読み返す文章です。

「各々の患者ごとにわれわれは，情緒という鍵盤上にあり，その関係性に特有な音楽をいつの間にか奏でている。たとえもし，その音楽を，以前，

聞いたことがなかったとしてでもある。」p.107

　「参与者双方がかくも複雑に繋がっている業を私は他に知らない。湖面のさざ波を見る時，われわれに見えているものは何なのか？　風か，それとも湖水か？」p.84

<small>なりわい</small>

　"クライアントの情緒体験に関わる時，必ずや，セラピスト自身の情緒が動いている"……それを軽んずることは何かを否認することになるし，また同時にそれを重視し過ぎると偏った理解が生じる可能性もあるでしょう。どうしても避けることのできない"情緒体験が絡み合う"関係性，その中にありながら，私たちは何をそこに見出すでしょう。内省の中でのセラピストの気づきをクライアントの体験世界の広がりにどのように生かせるでしょう。

　臨床とは限りなくこの動きの中に身を置き続けることだと思います。

　最後になりましたが，治療チームとしてお世話になりました深津千賀子先生，鈴木典子先生，主治医として支えてくださいました白波瀬丈一郎先生，現在，精神・神経科外来でサポートしてくださっている森長修一先生に心から感謝いたします。サイコセラピー・プロセス研究所所長松本智子先生にいつも支えていただいていることに，この場を借りて御礼申し上げます。

　そして，多くのことを教えてくださり，出版を許可してくださったクライアントのみなさまに深く感謝の意を表します。

　2022年5月17日

慶應義塾大学湘南藤沢キャンパス o 504にて

森 さち子

# 索　引

**著者略歴**

## 森さち子 (もり・さちこ)

慶應義塾大学総合政策学部教授／同大学医学部精神・神経科学教室兼担教授／放送大学客員教授／サイコセラピー・プロセス研究所副所長（臨床心理士／公認心理師／日本精神分析学会認定心理療法士スーパーバイザー）

**経歴** 慶應義塾大学文学部人間関係学科卒業。同大学大学院修士（社会学研究科），博士（学術）取得。同大学湘南藤沢キャンパス心身ウェルネスセンターカウンセラー，医学部精神・神経科学教室助手，同大学総合政策学部准教授を経て現職。

**主な著書** 『かかわり合いの心理臨床——体験することと言葉にすることの精神分析』（誠信書房），『改訂版 精神分析とユング心理学』（共著 放送大学振興会），『子どもの心理臨床シリーズ』（絵本 全9巻 翻訳 誠信書房），『間主観性の軌跡』（共著 岩崎学術出版社），『関わることのリスク——間主観性の臨床』（翻訳監修 誠信書房），『患者の心を誰が見るのか』（編著 岩崎学術出版社）など。

新版 症例でたどる子どもの心理療法
情緒的通いあいを求めて

2005年 9 月30日　初版第1刷発行
2022年 7 月30日　新版第1刷発行

著者────森さち子

発行者────立石正信
発行所────株式会社 金剛出版
　　　　　　〒112-0005 東京都文京区水道1-5-16　電話 03-3815-6661　振替 00120-6-34848

装丁◉岩瀬 聡　写真◉森泉撮影（ウプサラの教会）　印刷◉イニュニック

ISBN978-4-7724-1914-7 C3011　　©2022 Printed in Japan

# 心的交流の起こる場所
### 心理療法における行き詰まりと治療機序をめぐって

[著]=上田勝久

●A5判 ●上製 ●240頁 ●定価 **3,960** 円
● ISBN978-4-7724-1636-8 C3011

精神分析の最新の研究成果を
実践応用するための技術論を展開。
あらゆる心理療法に通底する
「治療原理」を探求する。

---

# 子どものこころの生きた理解に向けて
### 発達障害・被虐待児との心理療法の3つのレベル

[著]=アン・アルヴァレズ
[監訳]=脇谷順子

●A5判 ●並製 ●336頁 ●定価 **4,620** 円
● ISBN978-4-7724-1591-0 C3011

発達障害や自閉スペクトラム症の
子どもたちの心について，
著者の繊細かつユニークな
精神分析的心理療法の視点から解説していく。

---

# 精神分析と乳幼児精神保健の
# フロンティア

[著]=ロバート・エムディ
[訳]=中久喜雅文 高橋 豊 生地 新

●A5判 ●上製 ●300頁 ●定価 **5,280** 円
● ISBN978-4-7724-1655-9 C3011

フロイト，ボウルビィ，スピッツを正統に継承する
乳幼児精神保健のフロンティア，R・エムディの
主要業績を一冊に纏めたセレクション。

---

価格は10%税込です。

# リーディング・クライン

[著]=マーガレット・ラスティン　マイケル・ラスティン
[監訳]=松木邦裕　武藤 誠　北村婦美

●A5判　●並製　●336頁　●定価 **4,840** 円
● ISBN978-4-7724-1725-9 C3011

クライン精神分析の歴史から今日的発展までを
豊饒な業績だけでなく
社会の動向や他学問領域との
関連も併せて紹介していく。

# アンドレ・グリーン・レクチャー
## ウィニコットと遊ぶ

[著]=アンドレ・グリーン　[編]=ジャン・アブラム
[訳]=鈴木智美　石橋大樹

●A5判　●上製　●160頁　●定価 **3,300** 円
● ISBN978-4-7724-1826-3 C3011

「デッドマザー・コンプレックス」や
「ネガティブの作業」の概念で知られる
アンドレ・グリーンの
魅力あふれる精神分析講義。

# 精神分析過程における儀式と自発性
## 弁証法的－構成主義の観点

[著]=アーウィン・Z・ホフマン
[訳]=岡野憲一郎　小林 陵

●A5判　●上製　●380頁　●定価 **6,600** 円
● ISBN978-4-7724-1588-0 C3011

精神分析の解釈の妥当性について，
関係精神分析の論客である著者が，
構成主義的な立場から
「儀式」と「自発性」の弁証法という視点を提供する。

価格は 10%税込です。

# 子どもの虐待とネグレクト
### 診断・治療とそのエビデンス

[編]=キャロル・ジェニー
[監訳]=一般社団法人 日本子ども虐待医学会：
溝口史剛 白石裕子 小穴慎二

●B5判 ●上製 ●1,084頁 ●定価 **46,200** 円
● ISBN978-4-7724-1598-9 C3011

子どもの虐待・ネグレクトを
疫学・面接法・診断・治療など8つのセクションに分け，
包括的にエビデンスを示している。

---

# 虐待にさらされる子どもたち
### 密室に医学のメスを：子ども虐待専門医の日常

[著]=ローレンス R. リッチ
[監]=溝口史剛

●A5判 ●並製 ●264頁 ●定価 **4,180** 円
● ISBN978-4-7724-1743-3 C3011

子ども虐待は秘密裡に行われることが多い。
しかし詳細な医学的分析で
「その時に何が起こったのか？」を
明らかにすることもできる！

---

# トラウマの
# 精神分析的アプローチ

[編]=松木邦裕

●A5判 ●並製 ●288頁 ●定価 **3,960** 円
● ISBN978-4-7724-1813-3 C3011

第一線で臨床を実践し続ける
精神分析家たちによる豊富な臨床例を含む，
トラウマ患者の苦悩・苦痛に
触れる手引きとなる一冊。

---

価格は10%税込です。

# プラグマティック精神療法のすすめ
## 患者にとっていい精神科医とは

[著]=和田秀樹

●四六判 ●並製 ●308頁 ●定価 **3,520** 円
● ISBN978-4-7724-1880-5 C3011

精神療法に正解はない。
1つの治療法がダメなら次の手を考える。
本書では患者も治療者も
できるだけ楽になる治療法を提案していく。

# 精神分析マインドの創造
## 分析をどう伝えるか

[著]=フレッド・ブッシュ
[監訳]=妙木浩之　[訳]=鳥越淳一

●A5判 ●並製 ●288頁 ●定価 **4,620** 円
● ISBN978-4-7724-1856-0 C3011

精神分析を知性化させたり
形骸化させたりすることなく，
患者にとって意味のある体験とするために，
どのように実践するかについて書かれた一冊。

# 精神分析臨床での失敗から学ぶ
## その実践プロセスと中断ケースの検討

[編]=松木邦裕　日下紀子　根本眞弓

●A5判 ●並製 ●272頁 ●定価 **3,960** 円
● ISBN978-4-7724-1857-7 C3011

さまざまな面接の失敗について，
経験豊かな臨床家が，
原因とプロセス，その解明を
真摯に考察した貴重な論考である。

価格は 10％税込です。

# 複雑性PTSDの臨床
## "心的外傷〜トラウマ"の診断力と対応力を高めよう

［編］=原田誠一

●A5判 ●上製 ●290頁 ●定価 **3,960** 円
● ISBN978-4-7724-1812-6 C3011

広く使われることが予想される
複雑性 PTSD（CPTSD）に関する
適切な評価と治療的対応を
詳述したわが国初の臨床書。

---

# 子ども虐待とトラウマケア
## 再トラウマ化を防ぐトラウマインフォームドケア

［著］=亀岡智美

●A5判 ●上製 ●232頁 ●定価 **3,740** 円
● ISBN978-4-7724-1758-7 C3011

トラウマインフォームドケア,
TF-CBT、アタッチメントなど
現代のトラウマケアに欠かせない
さまざまな視点を網羅し，臨床に活かす。

---

# 子どものトラウマと悲嘆の治療
## トラウマ・フォーカスト認知行動療法マニュアル

［著］=ジュディス・A・コーエン アンソニー・P・マナリノ エスター・デブリンジャー
［監訳］=白川美也子 菱川 愛 冨永良喜

●A5判 ●並製 ●296頁 ●定価 **3,740** 円
● ISBN978-4-7724-1387-9 C3011

子どものトラウマ被害に対する
科学的な効果が実証された支援と治療法であり
厳密な臨床家の養成システムに支えられている
トラウマ・フォーカスト認知行動療法のマニュアル。

---

価格は 10%税込です。

# こころの発達と精神分析
## 現代藝術・社会を読み解く

[著]=木部則雄

●A5判 ●上製 ●280頁 ●定価 **4,180** 円
● ISBN978-4-7724-1730-3 C3011

モーリス・センダック，宮崎駿「千と千尋の神隠し」，
村上春樹『海辺のカフカ』を素材に，
大人に至る心的発達を描く
クライン派精神分析入門。

---

# 精神分析的心理療法における
# コンサルテーション面接

[編]=ピーター・ホブソン
[監訳]=福本 修　[訳]=奥山今日子　櫻井 鼓

●A5判 ●並製 ●230頁 ●定価 **4,620** 円
● ISBN978-4-7724-1729-7 C3011

タビストック・クリニックにおける精
神分析的心理療法のアセスメントプロセスを
平易かつ詳細に解説する。

---

# 子育て，保育，心のケアにいきる
# 赤ちゃん観察

[編]=鈴木 龍　上田順一

●A5判 ●並製 ●236頁 ●定価 **3,740** 円
● ISBN978-4-7724-1682-5 C3011

赤ちゃんは見られたがっている。
よく見て，赤ちゃんのこころを感じとる。
子育てとこころのケアに
携わる人の感性を育む必読書。

---

価格は 10%税込です。

# ピグル
## ある少女の精神分析的治療の記録

[著]=ドナルド・W・ウィニコット
[監訳]=妙木浩之

●B6判 ●並製 ●290頁 ●定価 **3,520** 円
● ISBN978-4-7724-1450-0 C3011

児童分析の大家ウィニコットによる,
ピグルというニックネームをもつ少女の
2歳半から5歳2カ月までの
心理療法記録の全貌。

---

# こどものこころの環境
## 現代のクライン派家族論

[著]=ドナルド・メルツァー マーサ・ハリス
[訳]=木部則雄 池上和子

●四六判 ●上製 ●240頁 ●定価 **4,180** 円
● ISBN978-4-7724-1667-2 C3011

メラニー・クラインとアンナ・フロイトの論争以来,
クライン派精神分析の盲点でありつづけた
家族とコミュニティの機能に焦点を当てる,
現代クライン派精神分析モデルによる新しい家族論。

---

# 自閉症世界の探求
## 精神分析的研究より

[著]=ドナルド・メルツァー ジョン・ブレンナー
シャーリー・ホクスター ドリーン・ウェデル イスカ・ウィッテンバーグ
[監訳]=平井正三 [訳]=賀来博光 西見奈子

●A5判 ●上製 ●288頁 ●定価 **4,180** 円
● ISBN978-4-7724-1392-3 C3011

本書はメルツァーの自閉症臨床研究の成果である。
これらは精神分析や自閉症の理解においても,
重要な研究結果となるであろう。

---

価格は10%税込です。